KETOGENE ERNÄHRUNG

Arten Von Ketogenen Diäten - Ketogene Diäten Verbessern Diabetes

(Wie Man Faule Ketogene Ernährung Zu Tun - Faule Ketogene Diät)

Bruce J. Stainbrook

Published by Knowledge Icon

© Bruce J. Stainbrook

All Rights Reserved

Ketogene Ernährung: Arten Von Ketogenen Diäten - Ketogene Diäten Verbessern Diabetes (Wie Man Faule Ketogene Ernährung Zu Tun - Faule Ketogene Diät)

ISBN 978-1-990084-89-8

All rights reserved. No part of this guide may be reproduced in any form without permission in writing from the publisher except in the case of brief quotations embodied in critical articles or reviews.

Legal & Disclaimer

The information contained in this book is not designed to replace or take the place of any form of medicine or professional medical advice. The information in this book has been provided for educational and entertainment purposes only.

The information contained in this book has been compiled from sources deemed reliable, and it is accurate to the best of the Author's knowledge; however, the Author cannot guarantee its accuracy and validity and cannot be held liable for any errors or omissions. Changes are periodically made to this book. You must consult your doctor or get professional medical advice before using any of the suggested remedies, techniques, or information in this book.

Upon using the information contained in this book, you agree to hold harmless the Author from and against any damages, costs, and expenses, including any legal fees potentially resulting from the application of any of the information provided by this guide. This disclaimer applies to any damages or injury caused by the use and application, whether directly or indirectly, of any advice or information presented, whether for breach of contract, tort, negligence, personal injury, criminal intent, or under any other cause of action.

You agree to accept all risks of using the information presented inside this book. You need to consult a professional medical practitioner in order to ensure you are both able and healthy enough to participate in this program.

Table of Contents

Die Ketose klassisch messen 1

Ketogene Ernährung bei Übergewicht 4

Tomaten und Egg Scramble 10

Knoblauch Cevapcici 11

Dienstag - Abendessen 12

Abendessen: Pizza-Frischkäse-Kugel 15

Sommerfrühstück mit Erdbeeren und Hüttenkäse 17

Nussiges Mandel-Stromboli 18

Schinkenröllchen mit Rührei 21

Keto Frühlingsalat 23

Zitronen-Knoblauch-Huhn 24

Freitag – Mittagessen 25

Brokkoli-Mandel-Suppe 26

Frühlingssalat mit Mozzarella und Avocado 28

Aubergine und 2 Käse Kasserolle 30

Italienische Pasta-Thunfischsalat 31

Anfahrt:: 31

Falls gewünscht, auf einem Teller mit Salat Futter dienen 33

Ketogener Pudding 35

Gemüsesalat mit Pak Choi und Bambus 36

Hühnchen Keto Nuggets mit Parmesan 38

Alle Eiern "Aurora 40

Zubereitung: 40

Donnerstag – Mittagessen 41

Shrimps-Spieße 43

Hähnchen mit gerösteten Gemüse 44

Hähnchenmedaillons mit Speck umwickelt 46

Zubereitung: 46

Frühlingssalat mit Mozzarella und Avocado 47

Quarkauflauf 49

6-Schoko Fudge Porridge 50

Frühstücks-Crêpes 52

Zutaten für zwei Personen 52

Samstag – Abendessen 55

Burger aus Tomaten und Parmesan 57

Speisen, die man als Vorrat zubereiten kann 59

Salatröllchen 61

Dilly Gebackener Lachs 63

Vorbereitung 63

Selleriecremesuppe mit Austernpilzen 65

Kaffee Protein Shake 66

13-Frittata Pizza 68

Mandel-Porridge 70

Zutaten für zwei Personen 71

Keto Kürbis Brot mit Rührei und Räucherlachs (2 Portionen) 72

Seezungenfilets mit Kräuterseitlingen 75

Ingwer-Apfel-Muffins 77

Vorbereitungen 77

Cremige Kürbissuppe mit Ingwer 79

Tortilla 80

8-Gegrillte Ananas 83

Ketogenes Brot 84

Ketogener Käse-Wurst-Salat mit Kräuterdressing 86

Keto Milchkaffee (2 Portionen) 88

Pfannkuchen 90

Zubereitung: 90

Zander in sahniger Kerbelsauce 91

Lachs Käse Low Carb Pancakes 92

2-Asia Rindfleischstreifen mit Salat 94

Osterbrot 96

Zutaten für zwei Personen 98

Keto Knoblauchbrot (20 Portionen) 101

Ei Muffin in einer Tasse Rezept 103

Indisches Low Carb Curry 104

Thymian Hähnchen 106

10-Thunfischsalat mit Kichererbsen und Rucola 108

Lauwarmer Rosenkohl-Salat 110

Keto Cobb Salat mit Ranch Dressing (2 Portionen) 111

Cajun gewürzt Blumenkohl Hash 114

Zander mit Rucola und Kapern 115

Fisch in Senfhülle 116

Keto Frittata mit Käse und Pilzen (4 Portionen) 118

Grüner Smoothie 120

Balsamico ketogene Zoodle Erdbeersalat 121

Jalapeno & Chicken Dip 122

Selbstgemachte Schokocreme 123

ketogener russischer Zupfkuchen 124

Lasagne zum Frühstück 125

Wolkenbrot 127

Spanische Tortilla 129

Chinesische Suppe 131

Keto Hähnchen Frikadelle mit Tomatenbutter (4 Portionen) 133

Keto-Hotdogs 135

Keto-Pfannkuchen mit Beeren und Schlagsahne 137

Grüner Kokos Protein- Smoothie (Vegan) 139

Chili mit Auberginen (Vegetarisch) 141

Ketogene Quiche 143

Lamm Curry 145

Garnelen und Avocado an Curry – Frischkäse – Sauce 147

Die Ketose klassisch messen

Etwa in 80% der Fälle können Sie durch die oben genannten subjektiven Methoden bereits feststellen, ob Sie sich in der Ketose befinden. Wenn Sie auf Nummer sicher gehen wollen, stehen aber auch objektive Messmethoden zur Verfügung. Die objektive Messung ist vor allem am Anfang empfehlenswert, damit Sie einmal sicher wissen, wie sich die Ketose anzufühlen hat und welche subjektiven Empfinden für Sie damit verbunden sind. Es gibt drei Möglichkeiten, die Ketose auf klassische objektive Weise zu messen. Diese sind die Urinmessung, die Atemmessung und die Messung über das Blut.

Dabei ist die Messung über den Urin sicherlich die günstigste Variante, da Sie die Teststreifen in einer Apotheke kaufen und selbst anwenden können. Diese Methode hat jedoch auch einen Nachteil: Im Urin sind nur die Ketonkörper messbar, die nicht verwertet und vom Körper ausgeschieden wurden. Je besser der Körper in der Lage ist, die Ketonkörper zu verwerten, desto geringer ist also der Wert im Urin. Da die Konzentration im Urin mit steigender Ketoadaption also sinkt und diese individuell ist, handelt es sich nicht um einen zuverlässigen und vergleichbaren Wert. Da der Körper nach einiger Zeit in der Ketose außerdem lernt, nur so viele Ketonkörper zu bilden, wie er verbraucht, sind schon bald keine oder kaum unverbrauchte Acetonkörper im Urin enthalten. Am genauesten werden die Werte, wenn Sie den ersten Urin nach dem Aufstehen am Morgen verwenden. Aber Achtung: Die Messstreifen geben nur Auskunft darüber, ob im Urin Aceton enthalten ist und nicht darüber, wie qualitativ der Zustand der Ketose ist. Die veränderten Werte können jedoch auch durch andere Ursachen wie Diabetes, Alkohol oder Stoffwechselerkrankungen begründet sein.

Zuverlässiger ist die Messung über das Blut, wobei diese Methode auch etwas kostspieliger ist. Im Blut können Sie dafür aber die tatsächliche Konzentration von Ketonkörpern messen, was für die Bestimmung des Stoffwechselzustandes deutlich sicherer ist. Die Messung der Ketose mithilfe des Blutes ist mit einem Messgerät möglich, das ähnlich wie ein Blutzuckermessgerät funktioniert und die Konzentration von Beta-Hydroxybutyraten im Blut misst. Beta-Hydroxybutyrate sind neben Aceton eine weitere Ketonkörper-Substanz, die während der Ketose in der Leber aus den Fettsäuren gebildet wird. Den Wert können Sie am zuverlässigsten morgens am Finger und auf nüchternen Magen messen. Einige Geräte zur Messung des Blutzuckerspiegels beinhalten sogar eine kombinierte Messung für Blutzucker und die Blutketonkonzentration, sodass Sie nur die entsprechenden Teststreifen besorgen müssen, falls Sie bereits solch ein Gerät besitzen. Die Messung über das Blut ist jedoch vergleichsweise teuer und daher eigentlich nicht für die regelmäßige Anwendung geeignet. Sie empfiehlt sich jedoch für Menschen, die die ketogene Ernährung aus gesundheitlichen Gründen einhalten müssen und regelmäßig sicher kontrollieren müssen, dass sie sich in der Ketose befinden.

Wenn Sie die ketogene Ernährung dauerhaft durchführen möchten und das Thema Sie sehr interessiert, kommt eventuell die Anschaffung eines Atem-Ketonmeters infrage. Dieses Gerät ist in der Anschaffung jedoch recht teuer und daher nur für eine ernsthafte und dauerhafte Anwendung zu empfehlen, wie sie zum Beispiel Leistungssportler pflegen. Das Gerät misst anhand der Atemluft die Blut Ketonkörper Konzentration schnell und ohne Blutabnahme, außerdem entfällt das Nachkaufen von Teststreifen. Allerdings ist die Messung über die Atemluft nicht so zuverlässig wie eine Blutmessung.

Ketogene Ernährung bei Übergewicht

Die ketogene Ernährung hat, wie wir Ihnen bereits vorgestellt haben, zahlreiche Vorteile und kann das gesamte Wohlbefinden positiv beeinflussen. Der häufigste Grund für die Ernährungsumstellung ist aber sicherlich die Möglichkeit, durch die ketogene Ernährung dauerhaft und effektiv das Gewicht zu reduzieren. Doch wieso ist die Umstellung des Stoffwechsels so effektiv?

Zunächst muss einmal festgestellt werden, dass es sich entgegen zahlreicher Annahmen und Formulierungen bei der ketogenen Ernährung nicht um eine Diät handelt. Die ketogene Ernährung führt den Körper vielmehr in einen neuen Stoffwechselzustand, die sogenannte Ketose, hinein und sorgt dadurch für eine Gewichtsreduktion.

Das Prinzip der ketogenen Ernährung ist eigentlich ganz einfach: Dem Körper werden kaum bis gar keine Kohlenhydrate über die Nahrung zugeführt, sodass er über die Glukose nicht mehr ausreichend Energie gewinnen kann, um die nötigen Funktionen aufrechtzuerhalten. Deshalb sucht er sich eine alternative Energiequelle, die er in den Fetten findet. Diese werden nämlich im Rahmen der ketogenen Ernährung deutlich vermehrt aufgenommen und können in der Leber zu Ketonkörpern umgewandelt werden. Der Körper befindet sich bei diesem Vorgang in der Ketose. Durch die Verbrennung von Fett ist die Ketose beim Abnehmen sehr effektiv, denn Fettzellen werden ab- und Muskelzellen aufgebaut. Da Fettzellen abgebaut werden, ist es durch die ketogene Ernährung möglich, das Gewicht ohne Jojo-Effekt dauerhaft zu reduzieren. Der geförderte Muskelaufbau hilft darüber hinaus bei der weiteren Energieverbrennung.

Auch bei hohem Übergewicht zeigt die ketogene Ernährung große Erfolge. Doch wenn Sie mit ihr abnehmen wollen, sollten Sie sich auf jeden Fall vor dem Start fachlich beraten lassen, um Fehler zu vermeiden und andere mögliche Ursachen für das Übergewicht auszuschließen. Außerdem sollte die ketogene Ernährung zum Abnehmen nur so lange durchgeführt werden, wie ein Gewichtsverlust nachweisbar ist. Sobald das Gewicht länger als zwei Wochen stagniert, sollten Sie eine Pause einlegen und die Energiespeicher mit gesunden Kohlenhydraten wieder auffüllen, um die Ketose zu unterbrechen.

Die Nachteile der ketogenen Ernährung

Es wäre Glorifizierung, wenn wir nicht auch auf die negativen Seiten schauen würden. Denn natürlich ist auch bei der Ketose nicht alles „Friede – Freude –

Eierkuchen".

Sie ist gnadenlos und sensibel

Die ketogene Ernährung verzeiht keine Ausrutscher. Entweder Sie ziehen konsequent und eisern durch, oder Sie haben einen schwachen Moment und die Ketose kippt. Sie ist sehr fragil und leicht zu irritieren. Extremer Hunger und Fressanfälle sind häufig die Folge eines kurzen schwachen Moments. Es ist nämlich nicht gerade einfach, im Alltag so konsequent auf Kohlenhydrate zu verzichten.

Der Schuss kann schnell nach hinten losgehen

Nach meinen bisherigen Schilderungen kann es durchaus sein, dass Sie momentan auf einer Art Wolke schweben. Leider muss ich Sie in dem Fall auf den Boden zurück holen. So leicht, wie sich das Abnehmen mit der Ketose liest bzw. anhört, so leicht kann das Ganze auch in die entgegengesetzte Richtung gehen.

Da Fett hier den mit Abstand größten Anteil der Nährstoffe ausmacht, kommt man schnell am täglichen Kalorienbedarf an. Es ist also sehr leicht, den Tagesbedarf deutlich zu überschreiten, wenn man viel

Fett zu sich nimmt.

Die Entwicklung von Mundgeruch

Ein erstes Anzeichen dafür, dass sich die Ketose bei Ihnen eingestellt hat, ist die Entwicklung von Mundgeruch. Eigentlich ein positives Zeichen, und dennoch zu den Nachteilen gehörend. Die Ketonkörper – Produktion ist die Quelle, aus der der Geruch kommt. Allerdings verflüchtigt sich dieser, wenn die Ketose sich eingependelt hat. Es ist also ein Phänomen, das zu Beginn des Prozesses auftritt. Einzig und allein dann, wenn Sie nach einem schwachen Moment wieder in die Ketose zurückkehren müssen, tritt der Mundgeruch aus dieser Quelle erneut auf.

Die Neigung zum übermäßigen Fleischkonsum

Viele Menschen greifen bei einer kohlenhydratarmen Ernährung vermehrt auf Fleisch und Wurst zurück. Doch ein zu hoher Konsum dieser Lebensmittel kann zu gesundheitlichen Problemen führen. Ein erhöhter Cholesterinspiegel, Übersäuerung, Förderungen von entzündlichen Prozessen, Erhöhung des Harnsäurespiegels (mögliche Folge: Gichtanfälle in Gelenken) und all deren Konsequenzen, welche auch ernste Erkrankungen mit sich bringen können. Darunter Krebsleiden, Diabetes Typ 2, Herz – Kreislauf – Erkrankungen und viele mehr.

Gegen Fleischkonsum an sich ist, aus gesundheitlicher Sicht, nichts einzuwenden. Wenn er in Maßen geschieht. Auch sollten Sie darauf schauen, möglichst Bio – Fleisch zu kaufen, da das in der Regel um einiges weniger Schadstoffe beinhaltet als Fleisch von in Massenställen gehaltenen Tieren. Genießen Sie also Fleisch von glücklichen Tieren in Maßen (höchstens 600 g die Woche). Haben Sie nicht das Geld für so viel Bio – Fleisch, dann gibt es auch noch die Möglichkeit, es seltener, dafür aber Bio – Fleisch, zu konsumieren.

Ein Mangel an anderen Stoffen kann leicht entstehen

Durch das weglassen eines, dazu noch großen, Teils der Makronährstoffe, ist die Gefahr, dass man sich einseitig ernährt, sehr hoch. Durch einseitige Ernährung kann es zu Nährstoffmangel sowie Mangel an Mikronährstoffen (Vitamine, Mineralien und Spurenelemente) kommen. Darauf muss besonders geachtet werden.

Es ist also dringend anzuraten, eine ketogene Ernährung **nur unter ärztlicher Aufsicht** bzw. mit ärztlicher Begleitung durchzuführen. Der Entschluss zur ketogenen Ernährung sollte nicht aus einer fixen Idee heraus umgesetzt werden, sondern wohl überlegt sein.

Tomaten und Egg Scramble

Zutaten:

3 Eiern
3 EL fein gehackte Zwiebel
3 EL weiche Butter (geteilt)
1 frische Tomatenwürfel
¼ Teelöffel Salz
¼ TL Pfeffer

Anfahrt:

1. in einer Schüssel, Schneebesen, Eiern, Salz und Pfeffer. Beiseite stellen.
(2) in einer Antihaft-Pfanne ist anbraten Zwiebel bis es zart in 1 El Butter. Die Ei-Mischung hinzufügen. Mittlerer bis hoher Hitze rühren Sie, bis die Eizellen eingestellt werden. Vom Herd nehmen und die frischen Tomaten unterrühren.

Knoblauch Cevapcici

Zutaten

300g Tartar

1 Ei

1/2 Zwiebel

1 Knoblauchzehe

2 Paprikaschoten

1/2 Zucchini

Salz, Pfeffer, Chiligewürz, Paprikagewürz, Olivenöl

Die Zwiebel und den Knoblauch in kleine Stückchen hacken. Mit dem Tartar, dem Ei und allen Gewürzen gründlich in einer Schüssel vermengen. Das Ganze für 10 Minuten ruhen lassen und dann in 4 etwa Fingerdicke Cevapcici formen. Die Cevapcici mit etwas Öl in einer Pfanne von allen Seiten braten oder auf den Grill legen.

Danach die Paprika und die Zucchini in kleine Stücke schneiden und ebenfalls in einer Pfanne für etwa 3 Minuten anbraten. Mit 4-5 EL Wasser aufgießen und für weitere 2 Minuten ziehen lassen. Zusammen mit den Cevapcici servieren.

Dienstag - Abendessen

Zutaten für Keto-Fleischpastete (für 6 Portionen)
½ gelbe Zwiebel, fein gehackt
1 Knoblauchzehe, fein gehackt
2 EL Butter oder Olivenöl
600 g Rinderhack oder Lamm
Salz und Pfeffer
1 EL getrockneter Oregano oder getrocknetes Basilikum
4 EL Tomatenmark oder Ajvarrelish
125 ml Wasser
Kuchenkruste
180 ml (100 g) Mandelmehl
60 ml Sesamsamen
60 ml (30 g) Kokosnussmehl
1 EL (8 g) gemahlenes Psylliumschalenpulver
1 TL (5 g) Backpulver
1 Prise Salz
3 EL Olivenöl oder Kokosnussöl
1 Ei
60 ml Wasser
Belag
225 g Hüttenkäse
200 g geschredderter Käse

   Zubereitung

1. Den Ofen auf 175 ° C vorheizen.
2. Zwiebel und Knoblauch in Butter oder Olivenöl bei mittlerer Hitze einige Minuten braten, bis die Zwiebel weich ist. Fügen Sie das Rinderhack hinzu

und braten Sie es weiter. Fügen Sie Oregano oder Basilikum hinzu und fügen Sie Salz und Pfeffer hinzu, zu abschmecken.
3. Fügen Sie Tomatenmark, Pesto oder Ajvar hinzu. Wasser hinzufügen. Senken Sie die Hitze und lassen Sie sie mindestens 20 Minuten köcheln. Während das Fleisch köchelt, machen Sie den Teig für die Kruste.
4. Mischen Sie alle Teigzutaten mit einem Handmixer für ein paar Minuten, bis der Teig zu einem Ball wird.
5. Lege ein rundes Stück Pergamentpapier in eine gut gefettete Springform - ungefähr 25 cmm Durchmesser -, um es leichter zu machen, den Kuchen zu entfernen, wenn er fertig ist. (Sie können auch eine tiefgefrorene Kuchenform verwenden.) Verteilen Sie den Teig in der Pfanne und an den Seiten nach oben. Verwenden Sie einen Spachtel.
6. Backen Sie die Kruste für 10-15 Minuten vor. Aus dem Ofen nehmen und lege Sie das Fleisch in die Kruste. Mix Quark und geschreddert Käse oben auf dem Kuchen geben.
7. Backen Sie für 30-40 Minuten auf dem unteren Rost oder bis der Kuchen eine goldene Farbe angenommen hat.

Übersicht pro Portion
Netto Kohlenhydrate: 4% (7 g)
Faser: 5 g
Fett: 71% (47 g)
Protein: 25% (38 g)

kcal: 622

Abendessen: Pizza-Frischkäse-Kugel

Zubereitungszeit: 10 Minuten

Ergibt ca. 6 Kugeln

Zutaten:

120 g Frischkäse

14 Scheiben Peperoni-Salami

8 schwarze oder grüne Oliven

2 EL Pesto „Getrocknete Tomaten"

2 EL Basilikum

Salz und Pfefferstreuer

Zubehör: Kleine Holzspieße oder Zahnstocher

Zubereitung:
1. Die Salami und die Oliven klein schneiden.
2. Den Frischkäse mit dem Pesto und Basilikum verrühren. Salami und Oliven hinzufügen und unterheben.
3. Mit Salz und Pfeffer abschmecken und in kleine Kugeln formen. Die Kugeln können Sie auf eine Salamischeibe setzen und mit einer Olive garnieren. Der Zahnstocher dient zur Fixierung.

4. Optional: Mit kleinen Samen oder Nüssen ergänzen

Nährwertangaben pro Portion:

162 kcal/3g Kohlenhydrate/13g Fett/9g Protein

Sommerfrühstück mit Erdbeeren und Hüttenkäse

Zutaten für 4 Portionen:

- 4 EL Butter
- 80 g kernige Haferflocken
- 4 EL Zucker
- 400 g Erdbeeren
- 400 g Hüttenkäse

Zubereitung:

1. Die Butter in einer Pfanne zerlassen.
2. Haferflocken mit dem Zucker verrühren und in der heißen Butter unter ständigem Rühren hellbraun rösten.
3. Auf einen Teller geben und abkühlen lassen.
4. Die Erdbeeren waschen, trocken tupfen, putzen und vierteln.
5. Den Hüttenkäse mit den Haferflocken mischen und auf 4 Schälchen verteilen.
6. Die Erdbeeren darauf legen und servieren.

Nussiges Mandel-Stromboli

Was kann man nicht lieben an diesem goldenen, kohlenhydratarmen Stromboli? Mit Käse und Nussgeschmack gefüllt stellt dies eine Hauptmahlzeit dar, welche ein echter Liebling ist!

Vorbereitungszeit: 20 Minuten

Kochzeit: 30 Minuten

Portionen: 5

Zutaten:

- 4 Esslöffel Mandelmehl
- 1 ¼ Tasse Mozzarella Käse, zerkleinert
- 1 Ei, vorzugsweise groß und organisch
- 3 Esslöffel Kokosnussmehl
- 1/8 Teelöffel Knoblauchpulver
- 4 Esslöffel Butter, geschmolzen
- 1 Teelöffel Rote Paprikaflocken zerkleinert
- ¼ Teelöffel Fenchelpulver
  <u>Für die Füllung</u>:
- 14 Scheiben Peperoni
- ½ Tasse Mozzarella Käse, zerkleinert

Zubereitungsmethode:

1) Fange damit an, den Ofen auf 200 Grad Celsius vorzuheizen.

2) Lege danach die Butter in eine kleine Schüssel und lass diese in einer Mikrowelle zerschmelzen.

3) Kombiniere als nächstes den zerkleinerten Mozzarella Käse mit den roten Paprikaflocken, Fenchelpulver und Knoblauchpulver in einer großen Schüssel und zerlasse die Mischung in einer Mikrowelle für ungefähr zwei Minuten bei niedriger Leistung.
4) Kombiniere nun das Mandelmehl, Ei, geschmolzene Butter und Kokosnussmehl, bis dies gut vermischt ist.
5) Verrühre dann die Mandelmehl-Mischung zusammen mit dem geschmolzenen Käse und kombiniere alles, bis es gut miteinander vermischt ist. Erhitze die Mischung für weitere 20 bis 30 Sekunden in der Mikrowelle. (Indem du die Mischung erneut in der Mikrowelle erhitzt, vermischt sie sich besser.)
6) Erhitze den Teig danach erneut für weitere 10 bis 20 Sekunden in der Mikrowelle.
7) Um den Teig zu rollen, lege Backpapier auf eine Arbeitsfläche und rolle dann den Teig in rechteckiger Form aus.
8) Schneide nun die lange Seite mit Hilfe eines Pizzaschneiders gerade.
9) Schneide danach durch die Streifen an jeder Seite gleichmäßig, während du in der Mitte Platz für die Füllung lässt.
10) Gebe schließlich den Käse und die Pepperonischeiben in die Mitte und platziere die Streifen darüber.
11) Falte dann den Teig, so dass du eine Stromboli Form erhältst.

12) Backe dies nun für 14 bis 20 Minuten bei 200 Grad Celsius, bis es eine braungoldene Farbe erhält.

Tipp: Wenn du Käse mit einem höheren Fettgehalt benutzt, benötigst du eventuelle mehr Kokosnussmehl, um eine feste Masse zu erhalten.

Nährwertangaben:
- ☐ Kalorien – 1184 kcal
- ☐ Fett – 102gm
- ☐ Kohlenhydrate – 5gm
- ☐ Eiweiß – 13gm
- ☐ Ballaststoffe– 2gm

Schinkenröllchen mit Rührei

Zubereitungszeit: 10 Minuten
Koch-/Backzeit: 5 Minuten
Zutaten: für 4 Portionen

Zutaten

4 Eier
4 dünne Scheiben Schinken
4 EL dicke Sahne
4 Esslöffel Sauercreme
Muskat
Salz
Pfeffer
Kerbel

Zubereitung

Die Eier in eine Pfanne schlagen & die Sahne hinzufügen.

Langsam umrühren, damit das Rührei stocken kann. Weiterrühren bis zur gewünschten Festigkeit.

Die Schinkenscheiben mit Rührei füllen.

Nun mit Salz, Pfeffer und Muskat würzen.

Zusammenrollen und mit Kerbel bestreuen.

Keto Frühlingsalat

Zutaten:

Salz und Pfeffer nach Geschmack
3 Scheiben Speck
3 Teelöffel Parmesankäse
3 Teelöffel Keto Vinaigrette
2 Teelöffel Pinienkerne (geröstet)
3 oz. Gemischter Blattsalat

Zubereitung:
Brate den Speck in der Pfanne.
Zerbrösele den Speck und füge ihn mit dem Salat in eine Schüssel.
Füge die Vinaigrette, Salz und Pfeffer hinzu.
Vermische alles vor dem Servieren.

Zitronen-Knoblauch-Huhn

Zutaten:

(4 Unzen) Stück halbiert ohne Knochen und ohne Haut Hähnchenbrust
1 ½ Teelöffel Olivenöl
1/8 Teelöffel Pfeffer
1/8 TL Salz
¼ Teelöffel getrockneten oregano
½ TL getrocknete Basilikum
1 geschälte Knoblauchzehe
1/4 Tasse Wasser
Esslöffel frischer Zitronensaft (geteilt)

Anfahrt:

würzen Sie die Hähnchenbrust mit Salz und Pfeffer.
(2) in einer Antihaft-Pfanne den Knoblauch und die gewürzte Hähnchenbrust in Olivenöl ca. 4 bis 6 Minuten garen. Fügen Sie getrocknetes Basilikum, getrockneter Oregano, Wasser und 1 Esslöffel frischen Zitronensaft. Reduzieren Sie die Hitze. Decken und lassen Sie die Zutaten: köcheln lassen für ca. 5 bis 8 Minuten oder bis der Saft aus dem Huhn läuft deutlich. Übertragen auf einer Platte anrichten und warm servieren. Beträufeln Sie diese mit den restlichen frischen Zitronensaft kurz vor dem servieren.

Freitag – Mittagessen

Zutaten für Keto Räucherlachs
175 g geräucherter Lachs (alternative Makrele, Hering, Sardinen, Sardellen)
125 ml Mayonnaise
30 g Baby Spinat
½ EL Olivenöl
¼ Limette (optional)
Prise Salz und Pfeffer
Zubereitung

1. Auf einen Teller Lachs, Spinat, zwei Limonen Scheiben und einen herzhaften Klecks Mayonnaise geben.
2. Olivenöl über den Spinat geben und mit Salz und Pfeffer würzen.

Übersicht pro Portion
    Netto Kohlenhydrate: 0% (1 g)
    Faser: 1 g
    Fett: 70% (109 g)
    Protein: 30% (105 g)
    kcal: 1403

Brokkoli-Mandel-Suppe

Zubereitungszeit: 30 Minuten

4 Portionen

Zutaten:

2 Brokkoli

75 g Mandeln

1 L Gemüsebrühe

100 ml Sahne

Salz

Pfeffer

frische Muskatnuss

getrocknete Chilli

Zubereitung:

1. Brokkoli waschen und in kleine Stücke schneiden.
2. Den Brokkoli mit den Nüssen für 20 Minuten in der Gemüsebrühe kochen und mit einem Mixstab mixen.
3. Sobald die Suppe eine dickflüssige Konsistenz hat, langsam die Sahne hinzufügen. Die

4. Suppe nicht mehr aufkochen lassen.
5. Zum Schluss Salz, Pfeffer, Muskatnuss und Chilli hinzugeben und die Suppe servieren.

Nährwertangaben pro Portion:
280kcal/9g Kohlenhydrate/18g Fett/14,5g Protein

Frühlingssalat mit Mozzarella und Avocado

Zutaten für 4 Portionen:

- 200 g gemischter, küchenfertiger Blattsalat
- 2 Frühlingszwiebeln
- 1 rote Paprikaschote
- 1 Avocado
- 4 gewürfelte Tomaten
- Zitronensaft
- 200 g Mozzarella
- 6 EL Olivenöl
- 2 EL Balsamico Essig
- 2 EL frisch gehacktes Basilikum
- Salz
- Pfeffer

Zubereitung:

1. Blattsalat waschen und trockenschleudern.
2. Frühlingszwiebeln waschen, trocknen, putzen und in Ringe schneiden.
3. Paprikaschoten waschen, trocknen, putzen, entkernen und in Streifen schneiden.
4. Avocado schälen, den Kern entfernen und das Fruchtfleisch in Scheiben schneiden.

5. Mit etwas Zitronensaft beträufeln und mit den anderen Salatzutaten mischen.
6. Mozzarella abtropfen lassen, in Scheiben schneiden und dazugeben.
7. Olivenöl mit Balsamico Essig, frisch gehacktem Basilikum, Salz und Pfeffer verrühren und über den Salat geben.

Aubergine und 2 Käse Kasserolle

Zutaten:

- 1 kleine Aubergine in Streifen geschnitten

- 1 Esslöffel Kokosnussöl

- 8 oz. Marinarasoße

- 5 oz. Geriebenen Parmesan

- 8 oz. Geriebenen Mozzarella Käse

- Petersilie zur Verzierung

Zubereitung:
- Heize den Ofen auf 175°C vor.

- Brate die Aubergine mit dem Kokosnussöl beidseitig in einer Pfanne an.

- Gebe die Aubergine in eine Auflaufform, übergieße sie mit der Marinarasoße und gebe den Parmesan und Mozzarella Käse oben drauf.

- Führe diese Schichtung mit Aubergine, Marinara und Käse fort. Backe alles für eine Stunde.

- Vor dem Servieren verteile den Parmesankäse und verziere das Gericht mit Petersilie.

Italienische Pasta-Thunfischsalat

Zutaten:

1 Packung (8 Unzen) kleine Schale Nudeln

1 Dose (6 Unzen) abgetropften Thunfisch in leichtes Wasser

6 Esslöffel cremige italienischer Salat-dressing

1 Tasse geriebenen zucchini

1 Tasse geraspelte Karotte

Salatblatt (optional)

Anfahrt::

1. vorbereiten und die kleine Muschel-Nudeln durch Anschluss an das Paket Richtungen:. Sobald die Spiral-Nudeln gekocht, abtropfen lassen und abspülen mit kaltem Wasser. Legen Sie in eine große Salatschüssel geben. Der Thunfisch, Zucchini und Karotten unterrühren. Werfen Sie, bis alles gut vermischt. Die Pasta-Gemüse-Mischung in die cremige italienischer Salat-Dressing übergießen. Zusammen werfen Sie, bis alles gut bedeckt ist. Im Kühlschrank vor dem servieren.

(2) in einem Medium Rührschüssel geben kombinieren Sie Ranchbehandlung, Miracle Whip, saure Sahne und Knoblauch, Salz oder Meersalz. Die Pasta-Gemüse-Mischung übergießen Sie Nudeln Salatdressing. Mit

Mandeln und Paprika bestreuen. Zusammen werfen Sie, bis alles gut bedeckt ist. Im Kühlschrank vor dem servieren.

Falls gewünscht, auf einem Teller mit Salat Futter dienen.

Montag – Frühstück
Zutaten für Keto-Frühstückssandwich
2 EL Butter
2 Eier
30 g geräucherter Feinkostschinken
50 g Cheddar Käse oder Edamer Käse, in dicke Scheiben geschnitten
Prise Salz und Pfeffer
ein paar Tropfen Tabasco oder Worcestersauce
Zubereitung

Fügen Sie Butter in eine Bratpfanne bei mittlerer Hitze, danach schlagen Sie das Ei auf und in die Pfanne geben. Mit Salz und Pfeffer abschmecken
Verwenden Sie ein Spiegelei als Basis für jedes "Sandwich". Legen Sie den Schinken / Pastrami / Aufschnitt auf das erste Spiegelei und fügen Sie den Käse hinzu.
Oben drauf kommt, dann das 2 Spiegelei, so dass es ein Sandwich ergibt.
Bei niedriger Hitze weiter in die Pfanne lassen, bis der Käse zerschmilzt.
Wenn Lust haben können Sie noch ein tropfen Tabasco oder Worcestersauce drauf geben.

Übersicht pro Portion
Netto Kohlenhydrate: 2% (2 g)
Faser: 0 g

Fett: 76% (30 g)
Protein: 23% (20 g)
kcal: 354

Ketogener Pudding

Zubereitungszeit: 10 Minuten

3 Portionen

Zutaten:

200 g Frischkäse (am besten sehr fettreich, mind. 16%)

120 ml Sahne

4 Tropfen flüssiges Stevia

1 EL zuckerfreier Sirup (Geschmacksrichtung variabel)

Optional: Nüsse oder dunkle Schokolade

Zubereitung:

1. Alle Zutaten in eine Schüssel geben und gut durchmixen.
2. Anschließend auf drei Schälchen verteilen.

Nährwertangaben pro Portion:
280kcal/3g Kohlenhydrate/26g Fett/4g Protein

Gemüsesalat mit Pak Choi und Bambus

Zutaten für 4 Portionen:

- 650 g Pak Choi
- Salz
- 2 Knoblauchzehen
- 7 EL Sesamöl
- je 200 g Palmherzen und Bambussprossen aus der Dose
- 125 ml Gemüsebrühe
- 200 g Rettich
- 2 Noriblätter
- 8 EL Sojasauce
- 6 EL Zitronensaft
- 8 EL süßer Reiswein
- 5 EL Gemüsefond
- 1 EL Fünf-Gewürz-Pulver

Zubereitung:

1 Pak Choi waschen, trocknen, putzen und in Streifen schneiden.
2 In kochendem Salzwasser 3 Minuten blanchieren, dann abgießen und abtropfen lassen.
3 Knoblauch schälen und zerdrücken.

4	Knoblauch in 4 EL erhitztem Sesamöl andünsten.
5	Die Palmherzen und Bambussprossen abtropfen lassen, klein schneiden und dazu geben.
6	Gemüsebrühe angießen.
7	Rettich waschen, putzen, schälen, würfeln und ebenfalls hinzufügen.
8	Noriblätter anrösten.
9	Sojasauce, Zitronensaft, Reiswein, restliches Sesamöl, Gemüsefond und Fünf-Gewürz-Pulver verrühren und mit Salz und Pfeffer abschmecken.
10	Den Pak Choi zum Pfannengemüse geben und erwärmen.
11	Alles auf Tellern verteilen und mit der Sauce beträufeln.
12	Noriblätter klein zupfen und über den Salat streuen.

Hühnchen Keto Nuggets mit Parmesan

Zart und saftig innen mit einer knusprigen Außenseite, dieses Entree verkörpert köstlichen Geschmack, den sogar Kinder mögen.

Vorbereitungszeit: 15 Minuten

Kochzeit: 5 Minuten

Portionen: 2

Zutaten:

- 113 g Hühnerbrust, gekocht
- 1 Ei, vorzugsweise organisch und mittelgroß
- 14 g Parmesan, gerieben
- ½ Teelöffel Backpulver
- 2 Esslöffel Mandelmehl
- Wasser, wie benötigt

Zubereitungsmethode:

1) Erhitze zuerst die Fritteuse auf ungefähr 190 Grad Celsius.
2) Erhitze als nächstes eine Pfanne auf mittlerer Hitze und füge danach Kokosnussöl hinzu und koche das Hühnchen bis es keine pinke Farbe mehr besitzt und durchsichtig erscheint.
3) Sobald dies fertig ist, schneide das Hühnchen in Würfel.

4) Vermische nun Mandelmehl, Parmesan und Backpulver in einer mittelgroßen Schüssel gut miteinander.

5) Verrühre danach das Ei in der Schüssel und verquirle die Mischung, bis diese sich gut verbunden hat.

6) Rühre dann die Hühnchenwürfel in die Masse unter, bis diese gut von der Mischung umschlossen sind.

7) Frittiere diese nun in der Fritteuse für 3 bis 5 Minuten oder bis diese eine braungoldene Farbe erhalten haben. (Achte darauf, dass du diese jede Minute bewegst, so dass sie nicht aneinanderhängen.)

8) Platziere diese auf einen Servierteller zusammen mit einem Papiertuch, um das überschüssige Öl zu entfernen.

Tipp: Pass gut mit Ranch Dressing zusammen, aber achte auf den Zuckergehalt!

Nährwertangaben:
- ☐ Kalorien – 166 kcal
- ☐ Fett – 8gm
- ☐ Kohlenhydrate – 2gm
- ☐ Eiweiß – 23gm
- ☐ Ballaststoffe– 1gm

Alle Eiern "Aurora

<u>Zutaten:</u>

1 Esslöffel Butter oder Pflanzenöl

1 Tasse Milch

1 EL Mehl

3 Eiern

Salz und Pfeffer

<u>Zubereitung:</u>

Kochen Sie hart die Eiern.

Machen Sie eine weiße Sauce aus Mehl, Milch und Butter. Achten Sie darauf, um es gründlich zu kochen.

Fügen Sie die weißen Eier sehr fein gewürfelt.

Gießen Sie auf einem Teller und Abdeckung mit dem Eigelb durch ein Sieb oder Kartoffel Kartoffelpresse gezwungen.

Donnerstag – Mittagessen

Zutaten für Keto Blumenkohlsuppe mit Pamcetta
325 ml Hühnerbrühe oder Gemüsebrühe
250 g Blumenkohl
75 g Frischkäse
1 / 3 Esslöffel Dijon-Senf
40 g Butter
Prise Salz und Pfeffer
75 g Pancetta oder Speck, gewürfelt
1 / 3 Esslöffel Butter, zum Braten
1 / 3 Teelöffel Paprikapulver oder geräuchertes Chilipulver
30 g Pekannüsse
Zubereitung

1. Den Blumenkohl in kleinere Röschen schneiden. Je kleiner Sie schneiden, desto schneller ist die Suppe fertig.
2. Eine Handvoll Blumenkohl klein hacken ca. 0,6 cm Stücke.
3. Den klein gehackten Blumenkohl (aus Schritt 2) und Pancetta oder Speck in Butter knusprig anbraten. Fügen Sie Nüsse und Paprikapulver gegen Ende hinzu. Stellen Sie die Mischung zum Servieren beiseite.
4. Währenddessen die Blumenkohlröschen in der Brühe kochen, bis sie weich sind. Fügen Sie Frischkäse, Senf und Butter hinzu.
5. Mischen Sie die Suppe mit einem Handmixer auf die gewünschte Konsistenz. Je länger Sie mixen, desto

cremiger wird die Suppe. Mit Salz und Pfeffer abschmecken.
6. Die Suppe servieren und mit der gebratenen Pancetta-Mischung belegen.

Übersicht pro Portion
    Netto Kohlenhydrate: 4% (6 g)
    Faser: 3 g
    Fett: 88% (53 g)
    Protein: 8% (10 g)
    kcal: 534

Shrimps-Spieße

Zubereitungszeit: 20 Minuten

2 Portionen

Zutaten:

225g Shrimps

½ EL Zitronensaft

Salz

Pfeffer

Chili-Flocken

Zubereitung:

1. Shrimps auftauen und auf 5 Holzspieße stecken.
2. In einer mit Olivenöl beschichteten Pfanne von beiden Seiten braten.
3. Mit Zitronensaft beträufeln.
4. Nach Geschmack mit Salz, Pfeffer und Chili-Flocken würzen, danach servieren.

Nährwertangaben pro Portion:
1g Kohlenhydrate/2g Fett/23g Eiweiß

Hähnchen mit gerösteten Gemüse

Zutaten für 2Portionen:

- 2 kleine Zucchini in grobe Stücke geschnitten
- 2 rote Zwiebel geviertelt
- 10 braune Champignons halbiert
- 2 rote Spitzpaprika (alternativ normale Paprika)
- 2 Hähnchenkeule am Gelenk zerteilt
- Gewürze
- Olivenöl

Zubereitung:

1. Geben Sie die Hähnchenteile in eine Marinade aus einem guten Curry, Rosenpaprika, Kräuter, Chiliflocken, Salz und Pfeffer etc. und etwas Olivenöl und lassen Sie diese für mehrere Stunden ziehen.
2. Im Anschluss heizen Sie den Backofen auf 180 Grad Umluft vor.
3. Geben Sie das grob geschnittene Gemüse auf ein tiefes Backblech, in eine große Auflaufform oder einen flachen Bräter und vermischen Sie alles gut.
4. Würzen Sie das Gemüse mit den gleichen Gewürzen wie bei der Hähnchenmarinade kräftig, geben Sie das Olivenöl über die gewürzte Gemüsemischung drüber und mischen Sie alles mit einem Pfannenwender noch mal gut durch.

5. Legen Sie nun die gewürzten Hähnchenteile auf das Gemüse und geben Sie alles für 40 Minuten in den Ofen.

Hähnchenmedaillons mit Speck umwickelt

Zutaten:

- 1 ½ Pfund ohne Knochen Hähnchenbrust

- 8 bis 10 Scheiben roher Speck

- ½ TL Paprikapulver

- ½ TL Chilipulver

- Salt und Pfeffer nach Geschmack

Zubereitung:

1. Heizen Sie Ihren Grill auf hoher Hitze dann reduzieren auf Mittel-hoch.

2. Schneiden Sie die Hähnchenbrust in zwei oder drei große Stücke.

3. würzen Sie das Huhn mit Salz und Pfeffer, dann probieren Sie Staub mit Paprika und Chilipulver.

(4) umwickeln Sie jedes Medaillon mit einer Scheibe Speck, dann befestigen Sie es mit einem Holzstäbchen.

5. setzen Sie die Spieße auf dem Grill und kochen für 3 bis 5 Minuten auf jeder Seite bis durchgegart.

Frühlingssalat mit Mozzarella und Avocado

Zutaten für 4 Portionen:
- [ ] 200 g gemischter, küchenfertiger Blattsalat
- [ ] 2 Frühlingszwiebeln
- [ ] 1 rote Paprikaschote
- [ ] 1 Avocado
- [ ] 4 gewürfelte Tomaten
- [ ] Zitronensaft
- [ ] 200 g Mozzarella
- [ ] 6 EL Olivenöl
- [ ] 2 EL Balsamico Essig
- [ ] 2 EL frisch gehacktes Basilikum
- [ ] Salz
- [ ] Pfeffer

Zubereitung:
1. Blattsalat waschen und trockenschleudern.
2. Frühlingszwiebeln waschen, trocknen, putzen und in Ringe schneiden.
3. Paprikaschoten waschen, trocknen, putzen, entkernen und in Streifen schneiden.
4. Avocado schälen, den Kern entfernen und das Fruchtfleisch in Scheiben schneiden.
5. Mit etwas Zitronensaft beträufeln und mit den anderen Salatzutaten mischen.
6. Mozzarella abtropfen lassen, in Scheiben schneiden und dazugeben.

7. Olivenöl mit Balsamico Essig, frisch gehacktem Basilikum, Salz und Pfeffer verrühren und über den Salat geben.

Quarkauflauf

Zutaten:

500 g **Quark (40%)**
2 Stück **Eiweiß**
50 g **Blaubeeren** (oder andere Beeren)
40 g **Puddingpulver**
Flavedrops

Zubereitung:

Backofen vorheizen auf 200 ° Ober- und Unterhitze.
Auflaufform ausfetten.
Rührschüssel bereitstellen.
Eier in die Schüssel schlagen.
Eier schaumig rühren.
Dann Puddingpulver unterrühren.
Nun den Quark zugeben und erneut kräftig verrühren, bis sich eine cremige Masse ergibt.
Nun die Blaubeeren sowie die Drops mit einem Löffel untermischen.
Teig in Auflaufform geben.
Form in den Ofen stellen und ca. 25 Minuten ausbacken.
Abkühlen lassen und ggfs. mit frischen Beeren dekorieren.

6-Schoko Fudge Porridge

Zutaten

320 ml Kokosmilch + etwas für den kommenden Tag
300 g Hanfsamen
4 EL Chiasamen
8 TL Erythritol (Zuckerersatz), flüssig
2 TL Vanille-Extrakt oder Flavdrops
1 Prise Salz

Zubereitung

Arbeitszeit: ca. 15 Min

1-Alle Zutaten in eine große Schüssel geben und vermischen.
2-Die Schüssel mit einem Deckel abdecken und für

zumindest 7 Stunden im Kühlschrank lagern.
3-Am nächsten Tag noch etwas Kokosmilch hinzufügen, bis die gewünschte Konsistenz erreicht ist.

Frühstücks-Crêpes

Zubereitungszeit: 15 Minuten

Zutaten für 3 Portionen

100 g Quark
3 Bio-Eier
12 g Erythrit

Zubereitung

Den Backofen auf 160°C Umluft vorheizen. Ein Backblech mit Backpapier auslegen.
Alle Zutaten mit einem Schneebesen gut verrühren.
Den Teig auf das Backblech streichen und etwa 10 Minuten backen.
Danach etwas abkühlen lassen, in Stücke zerteilen und mit Belag nach Geschmack belegen.

Ketogene Eier im Glas auf Schinken und Spinat

Zutaten für zwei Personen

2 Bio-Eier

1 Schalotte

1 TL Rapsöl

1 Paket (170 g) TK-Rahmspinat

2 dünne Scheiben Kochschinken

2 EL Frischkäse

schwarzer Pfeffer aus der Mühle

Zubereitung

Zum Anfang kochst du die Eier weich. Dann ziehst du die Schalotte ab und schneidest sie in feine Würfel. Diese schwitzt du dann im Öl an. Den Spinat gibst du dann hinzu und lässt ihn unter Rühren auftauen. Dies geschieht bei schwacher Hitze 2 Minuten lang.

Die Schinkenscheiben schneidest du in feine Streifen. Den Frischkäse hebst du unter den Spinat und lässt ihn leicht verlaufen. Dann schmeckst du den Spinat mit Pfeffer ab und verteilst ihn auf 2 Gläser. Die Schinkenstreifen gibst du darauf.

Die Eier pellst du, setzt diese auf den Schinken und zerteilst sie grob, dass etwas Eigelb verläuft. Zum Schluss noch pfeffern und am besten sofort verzehren.

Nährwertangabe für das Rezept

Kcal	Kohlenhydrate	Eiweiß	Fett
260	4 g	19 g	18 g

Samstag – Abendessen

Zubereitung für Steak-Gemüse Auflauf
110 g Brokkoli
2 Knoblauchzehen
75 g Kirschtomaten
1 EL Olivenöl
1 EL getrockneter Thymian oder getrockneter Oregano oder getrocknetes Basilikum
175 g Ribeye-Steaks (alternative Hähnchen oder Schweinenacken)
Prise Salz und Pfeffer
Sardellenbutter
10 g Sardellen
45 g Butter, bei Raumtemperatur
1 EL Zitronensaft
Prise Salz und Pfeffer

Zubereitung

1. Die Sardellenfilets fein hacken und mit Butter (bei Zimmertemperatur), Zitronensaft, Salz und Pfeffer vermischen. Beiseite legen.
2. Den Ofen auf 225 ° C vorheizen.
3. Den Knoblauch schälen und klein schneiden. Schneiden Sie den Brokkoli in Röschen.
4. Eine große Bratpfanne einfetten und das Gemüse dazu geben und etwas Olivenöl dazugeben kurz

anbraten und dann für 15 Minuten in den Ofen stellen.
5. Das Fleisch mit Olivenöl bestreichen und mit Salz und Pfeffer würzen. In einer Bratpfanne bei starker Hitze kurz anbraten.
6. Nehmen Sie die Pfanne/Auflaufform aus dem Ofen und machen Sie Platz für das Fleisch unter dem Gemüse.
7. Verringern Sie die Hitze 200 ° C und legen Sie die Pfanne/Auflaufform zurück in den Ofen für ein paar Minuten, je nachdem, wie Sie Ihr Fleisch – haben möchten, mittel oder gut durch.
8. Aus dem Ofen nehmen und auf jedes Stück Fleisch einen Klecks Sardellenbutter drauf geben und sofort servieren.

Übersicht pro Portion
   Netto-Kohlenhydrate: 6% (11 g)
   Faser: 4 g
   Fett: 74% (66 g)
   Protein: 20% (41 g)
   kcal: 796

Burger aus Tomaten und Parmesan

Ein kleines, aber feines Gericht, das sich sowohl als Hauptspeise als auch zum Frühstück eignet.

Zutaten für 4 Personen:

4 EL Kokosöl

2 große Eier

100g geriebener Parmesan

1 oder 2 große rote, gelbe oder grüne Tomate, nach Belieben

1. Zunächst das Kokosöl in einer Pfanne erhitzen

2. Eier in einem Teller verquirlen

3. Den Parmesan in einen weiteren Teller geben

4. Die Tomaten in dicke Scheiben schneiden. Zunächst in der Eimasse, dann im Parmesan wenden und etwas andrücken. Die Tomaten müssen von beiden Seiten vom Käse bedeckt sein.

5. Nun die Burger in der Pfanne braten, bis der Käse goldgelb ist und anschließend sofort servieren

Speisen, die man als Vorrat zubereiten kann

Rollmops

Zutaten:

20 g Rollmopps (Hering, sauer)

40 g Zwiebel

50 g Essiggurke

10 g Mascarpone

57 g Calogen, neutral

Essig

Wasser

Gewürze

Zubereitung:

1. Die Zwiebel schälen und mit der Essiggurke in feine Würfel oder Scheiben schneiden, auf den Hering legen und zusammenrollen, mit einem Zahnstocher feststecken.

2. Die Mascarpone mit Essig, Calogen, Wasser und Gewürzen vermengen, so dass eine kräftige Soße entsteht.
3. Den Rollmops darin einlegen und gut durchziehen lassen.

Nährwertangaben pro Portion:
365kcal/4,0g Kohlenhydrate/36,50g Fett/5,06g Protein

Salatröllchen

Zutaten für 4 Portionen:

- Saft von 1 Zitrone
- Saft von 1 Orange
- Saft von 1 Limette
- 1 Knoblauchzehe
- 500 g Hähnchenbrustfilet
- 1 Gurke
- 3 Möhren
- 1 Eisbergsalat
- 2 EL Rapsöl
- 1 Eigelb
- Salz
- ¼ TL scharfer Senf
- 125 ml Pflanzenöl
- 1 EL Zitronensaft

Zubereitung:

1. Saft der Zitrusfrüchte verquirlen.
2. Knoblauch schälen, pressen und hinzufügen.
3. Hähnchenbrüste abspülen, trocken tupfen und in die Marinade legen.
4. Abdecken und 1 Stunde im Kühlschrank ziehen lassen.
5. Gurke und Möhren schälen und in Stifte schneiden.

6. Salat entblättern, waschen und trocken schütteln.

Für die Mayonnaise:
1. Eigelb mit 1 Prise Salz würzen.
2. Senf dazugeben und verquirlen.
3. Erst tröpfchenweise, dann in dünnem Strahl und unter Rühren das Öl zufließen lassen.
4. Dabei immer weiter quirlen.
5. Mit Zitronensaft und Salz abschmecken.
6. Hähnchenbrüste in heißem Öl in einer Pfanne von allen Seiten 5-6 Minuten braten.
7. Herausnehmen, abkühlen lassen und in Streifen schneiden.
8. Je 1-2 Salatblätter ausbreiten und Möhren, Gurke und Hähnchensteifen darauf verteilen.
9. Salatblätter eng aufrollen und alle Zutaten zu Röllchen formen.
10. Eventuell halbieren und mit Mayonnaise servieren.

Dilly Gebackener Lachs

Lachs mit Dill gepaart ist eine kulinarische Klassiker, und es ist besonders lecker mit einem Hauch von Zitrus und ein wenig Olivenöl zubereitet. Fisch in Folie Pakete Backen maximiert Geschmack und minimiert durcheinander.

Zutaten:

- 4 (6-Unzen) Lachs filets
- 2 Esslöffel kaltgepresstes Olivenöl
- 1/2 TL Salz
- 1/4 Teelöffel frisch gemahlener schwarzer Pfeffer
- Saft einer großen Valencia Orange oder Mandarine
- 4 Teelöffel Orange oder Mandarine zest
- 4 EL gehackter frischer dill

Vorbereitung

Heizen Sie den Backofen auf 375° F. Bereiten Sie vier 10-Zoll-lange Stücke Alufolie.

Jedes Lachsfilet auf beiden Seiten mit Olivenöl einreiben. Jeweils mit Salz und Pfeffer würzen und Platz eins in der Mitte von jedem Stück Folie.

Jedes Stück von Fischen und oben mit orange 1 TL Zitronenschale und 1 El Dill beträufeln Sie den Orangensaft.

Selleriecremesuppe mit Austernpilzen

Zutaten für 4 Portionen:
- [ ] 330 g Knollensellerie
- [ ] 800 ml Gemüsebrühe
- [ ] Salz
- [ ] Pfeffer
- [ ] 8 EL Sahne
- [ ] 200 g Austernpilze
- [ ] 4 EL Pflanzenöl
- [ ] Schnittlauchröllchen zum Garnieren

Zubereitung:

1. Knollensellerie waschen, schälen und in Stücke schneiden.
2. Gemüsebrühe aufkochen und den Knollensellerie darin etwa 10 Minuten garen.
3. Pürieren und mit Salz und Pfeffer würzen.
4. Die Sahne schlagen und unter die Suppe heben.
5. Austernpilze feucht abwischen, putzen und in Stücke schneiden.
6. In heißem Pflanzenöl unter Rühren 5 Minuten braten.
7. Mit Salz und Pfeffer würzen.
8. Die Pilze in die Suppe geben und mit Schnittlauchröllchen garniert servieren.

Kaffee Protein Shake

Zutaten:

30 g Vanille Proteinpulver
1 Shot **Espresso**
60 g griechischer Joghurt
5 Eiswürfel
Stevia
Zimt

Zubereitung:

1. Mixer bereitstellen.
2. Joghurt in den Mixer geben.
3. Espresso, Stevia, Zimt und Proteinpulver ebenfalls zugeben.
4. Alles gründlich im Mixer vermischen.
5. Danach die Eiswürfel zugeben.
6. Nun die Flüssigkeit kurz mixen.

7. Umfüllen in Gläser und mit Strohhalm servieren.

13-Frittata Pizza

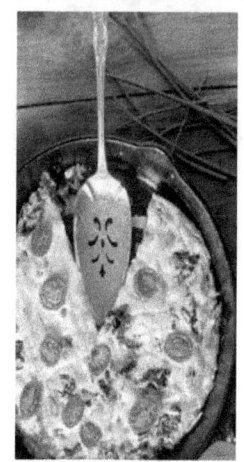

Zutaten

- 22 Eier
- 500g Spinat (TK)
- 4 mittlere Peperoni
- 280g Mozzarella
- 2 TL fein gehackter Knoblauch
- 500 g Ricotta
- 110g Parmesan
- 8 EL Olivenöl
- ¼ TL Muskatnuss
- Salz&Pfeffer

-

Zubereitung

Kochzeit: ca. 30Min

1-Den Spinat gut waschen und danach beiseitelegen
2-Den Backofen auf 190°C vorheizen.
3-Eier, Olivenöl und die Gewürze miteinander vermischen.
4-Ricotta, Parmesankäse und Spinat hinzugeben.
5-Die Pizza Frittata nun 30 Minuten lang im Ofen backen.

Mandel-Porridge

Zubereitungszeit: 15 Minuten

Zutaten für 4 Portionen

400 ml Kokosmilch
400 ml Wasser
2 EL Chiasamen
8 EL geschroteter Leinsamen
130 g gemahlene Mandeln
1 Prise Meersalz
Flüssiger Honig

Zubereitung

Die Kokosmilch und das Wasser in einem Topf aufkochen.
Nun Samen und Mandeln sowie Salz dazufügen und gut verrühren. Dann etwa 7-8 Minuten unter Rühren kochen lassen.
Das Porridge mit Honig abschmecken und servieren.

Ketogene Shrimps Spieße

Zutaten für zwei Personen

225 g Shrimps
1/2 EL Zitronensaft
Salz
Pfeffer
Chili Flocken

Zubereitung

Anfangs taust du die Shrimps auf und steckst sie auf 5 Holzspieße

Dann brätst du die Spieße mit Olivenöl in einer beschichteten Pfanne von beiden Seiten

Folgend tröpfelst du etwas Zitronensaft auf die Spieße

Zum Schluss mit Salz, Pfeffer und Chili- Flocken, je nach Bedarf, würzen

Nährwertangabe für das Rezept

Kcal	Kohlenhydrate	Eiweiß	Fett
105	1 g	23 g	2 g

Keto Kürbis Brot mit Rührei und Räucherlachs (2 Portionen)

Zutaten

Kürbisbrot

2 EL Kürbiskuchen Gewürz
1 EL (15g)Backpulver
1 Teelöffel Salz
2 EL (15g) gemahlener Flohsamenschalenpulver
100 g Leinsamen
150 g Mandelmehl
150 g Kokosmehl
75 ml gehackte Nüsse
40 g Kürbiskerne + extra für Topping
3 Eier
125 ml ungesüßte Apfelmus
60 ml Kokosnussöl
400 g Kürbispüree
1 EL Kokosöl oder Butter zum Schmieren der Pfanne

Belag

4 Eier
2 EL Schlagsahne
60 g Butter zum Braten
Prise Salz und Pfeffer
1 Prise Chili Flocken
2 EL Butter
30 g Blattgemüse
75 g Räucherlachs
1 EL frischer Schnittlauch (optional)

Zubereitung

- Ofen auf 200 ° C vorheizen und eine Brotbackform (ca. 10 x 18 cm) mit Butter oder Öl einfetten.
- Alle trockenen Zutaten in einer Schüssel vermischen.
- Ei, Apfelmus, Kürbispüree und Öl in einer separaten Schüssel verrühren und mit den trockenen Zutaten zu einem Teig verrühren.
- In die Auflaufform gießen und einen Esslöffel Kürbiskerne darüber streuen.
- Für eine Stunde auf dem unteren Rost stellen. Testen Sie mit einem Zahnstocher immer wieder mal, wenn er sauber herauskommt, ist das Brot fertig

Für den Belag

- Eier und Sahne in einer Schüssel verquirlen. Salz und Pfeffer zum Abschmecken dazu geben.
- Die Butter in einer Pfanne bei mittlerer Hitze zum Schmelzen bringen. Die Eiermischung hineingießen und verrühren, bis alles durchgemischt und durchgekocht ist. Von der Herdplatte nehmen.
- Fügen Sie Chili hinzu und vermischen Sie es. Verwenden Sie alles, was Sie Zuhause haben - Tabasco, getrocknete Chili-Flocken oder frische fein gehackte Chili.
- Toasten Sie zwei Scheiben vom würzigen Low-Carb-Kürbisbrot oder ein anderes Low-Carb-Brot.
- Eine dicke Schicht Butter auftragen.

- Legen Sie ein paar Salatblätter und das Rührei darauf, danach den Lachs und etwas fein gehackten Schnittlauch hinzu.

  Übersicht pro Portion
  Netto-Kohlenhydrate: 2% (3 g)
  Faser: 4 g
  Fett: 74% (55 g)
  Protein: 24% (41 g)
  kcal: 678

Seezungenfilets mit Kräuterseitlingen

Zutaten für 4 Portionen:
- 800 g Seezungenfilet
- 1 EL Zitronensaft
- Salz
- Pfeffer
- 500 g Kräuterseitlinge
- 2 EL Butter
- 100 ml Weißwein
- 4 EL Créme Fraîche
- 1 Prise Cayennepfeffer
- ½ Bund glatte Petersilie

Zubereitung:
1. Seezungenfilets waschen und trocken tupfen.
2. Mit Zitronensaft beträufeln, mit Salz und Pfeffer würzen und in 4 Stücke teilen.
3. Kräuterseitlinge putzen, feucht abreiben, klein schneiden und würzen.
4. Pilze 5 Minuten in der Butter schmoren.
5. Wein und Créme Fraîche einrühren und mit Salz und Cayennepfeffer würzen.
6. Fischfilets zusammenrollen und auf die Pilze legen.
7. Abgedeckt bei geringer Temperatur etwa 8 Minuten garen.

8. Petersilie waschen, trocken schütteln und die Blättchen hacken.
9. Fischfilets mit der gehackten Petersilie bestreut servieren.

Ingwer-Apfel-Muffins

Zutaten:

- 2 Tassen Mehl
- ⅔ Tasse Zucker oder Zuckerersatz Granulat
- 1 Esslöffel Backpulver
- ½ TL Salz
- 1 TL gemahlener Zimt
- 1 TL gemahlener Ingwer
- ¾ Tasse ungesüßten Mandelmilch
- 1 Tasse geriebenen Apfel
- ½ Tasse reif und zerdrückte Banane
- 1 El Apfelessig
- ½ Tasse kristallisierter Ingwer (fein gehackt)

Vorbereitungen

1. bereiten Sie Ihren Ofen durch auf 400° c Vorwärmen

2. Sie nutzen Papierzwischenlagen, oder bei Verwendung einer Muffinwanne leicht einfetten.

(3) in einer mittleren Schüssel vermischen Sie sich Mehl, Zucker, Backpulver, Salz, Zimt und Ingwer.

4. Legen Sie beiseite und mischen Milch, Apfel, Banane und Essig in einer großen Schüssel

5. dann die Mehlmischung bis alles gut vermischt unterrühren.

6. Füllen Sie Ihre Muffinförmchen in nur etwa ⅔ voll.

7. Starten Sie für etwa 15 bis 20 Minuten backen

8. stecken Sie die Zahnstocher in der Mitte, wenn es sauber, herauskommt dann Sie fertig sind.

9 servieren Sie mit Ihrem Lieblingssaft und einen gesunden Tag.

Cremige Kürbissuppe mit Ingwer

Zutaten für 4 Portionen:
- [ ] 1 Zwiebel
- [ ] 500 g Hokkaidokürbis
- [ ] 2 Möhren
- [ ] 1 Liter Gemüsebrühe
- [ ] Salz
- [ ] Pfeffer
- [ ] Muskat
- [ ] gemahlener Ingwer
- [ ] geröstete Mandelblättchen und Créme Fraîche zum Garnieren

Zubereitung:

1. Hokkaidokürbis waschen, trocknen, entkernen und würfeln.
2. Möhren putzen, schälen und ebenfalls würfeln.
3. Kürbis und Möhrenwürfel in der heißen Butter schmoren.
4. Gemüsebrühe angießen, alles aufkochen und etwa 15 Minuten köcheln lassen.
5. Suppe anschließend pürieren und mit Salz, Pfeffer, Muskat und gemahlenem Ingwer abschmecken.
6. Mit gerösteten Mandelblättchen und Créme Fraîche garniert servieren.

Tortilla

Zutaten:

Für 4 Portionen:

Für die Tortillas:
3 große Eier, Eigelb und Eiweiß sauber getrennt (die Eigelbe aufheben)
2 EL Eiklarpulver, neutral, oder (wenn verträglich) Molkeneiweißpulver, neutral
1 TL Zwiebelpulver
1 TL Taco-Gewürz, nach Belieben
2 EL Doppelrahmfrischkäse, zimmerwarm, oder 2 verquirlte Eigelbe
2 EL (evtl. mehr) **Kokosöl**, **Schweineschmalz**, Ghee oder ungesalzene Butter

Für den Belag:
110 g Rinderhack, krümelig und braun gebraten
1 Zwiebel
Salz, Pfeffer
120 ml Salsa
4 Eier (nach Geschmack)

Zubereitung:

1. Pfanne mit etwas Öl auf dem Herd erhitzen.
2. Zwiebel schälen und fein würfeln.
3. Zwiebeln in Pfanne braten.
4. Hackfleisch zugeben und zusammen braten.
5. Mit Salz und Pfeffer abschmecken.
6. Hackfleisch zur Seite stellen.
7. Rührschüssel bereitstellen.
8. Eiweiß in die Schüssel geben und steif schlagen.
9. Danach das Eiklar- oder Molkepulver, das Zwiebelpulver sowie das Taco-Gewürz unterrühren.
10. Alles gut vermischen.
11. Sodann den Frischkäse oder das Eigelb vorsichtig und gründlich einrühren.
12. Eine die Pfanne erneut mit etwas Öl auf dem Herd erhitzen.
13. Ca. 3 EL der Eischnee-Eiklar-Mischung in die Pfanne geben und platt streichen.
14. Bei mittlerer Flamme zu einem runden goldbraunen Fladen ausbacken.

15 Dafür ca. 2 Minuten backen, dann wenden und erneut ca. 2 Minuten backen.
16 Anschließend herausheben und auf einem Küchenpapier abtropfen lassen.
17 Den restlichen Teig ebenso verarbeiten.
18 Dann je einen Fladen auf ein Teller geben und jeweils mit der Hack-Masse füllen.
19 Anschließend – je nach Geschmack – ein Spiegelei in der gleichen Pfanne braten.
20 Spiegeleier auf die Fladen mit Hack setzen.
21 Zum Schluss mit Salsa verfeinern.
22 Zum Dekorieren kann Petersilie genommen werden.

8-Gegrillte Ananas

(I love it)
Zutaten

500 g Ananas
1 Bio Zitrone
1 Stängel Rosmarin
2 Stange Minze

Zubereitung

Kochzeit: ca. 10 Min

1-Ananas schälen und in kleine Schnitte schneiden, den harten Strunk entfernen
2-Kräuter abspülen und trocken schütteln
3-Zitrone halbieren und den Saft ausdrücken.
4-Rosmarinblättchen auf die Ananas geben. Die Ananas auf den heißen Grill geben und etwas von beiden Seiten grillen.
5-Ananas aus dem Grill herausholen und mit Zitronensaft beträufeln. Minzblätter auf die Ananasscheiben geben und diese servieren.

Ketogenes Brot

Zubereitungszeit: 50 Minuten

Zutaten für 1 Brot

- 250 g Frischkäse
- 90 g neutrales Proteinpulver
- 50 ml Olivenöl
- 50 ml Sahne
- 30 g Butter
- 5 Tropfen Stevia
- 4 Bio-Eier
- 4 TL Flohsamenschalen
- 1 TL Backsoda
  - ½ TL Salz

Zubereitung

1. Den Backofen auf 180°C Umluft vorheizen. Eine Brotform mit Backpapier auskleiden.
2. Alle Zutaten in einer Schüssel zu einem festen Teig verkneten. Den Teig dann in die Backform füllen.

3. Das Brot etwa 50-55 Minuten backen. Danach in der Form erkalten lassen.

Ketogener Käse-Wurst-Salat mit Kräuterdressing

Zutaten für zwei Personen

200 g Sauermilchkäse

0,5 Bund Radieschen

1 kleiner Chicorée

0,5 rote Zwiebel

100 g Fleischwurst

0,3 rote Paprika

2 TL körniger Senf

2 EL Apfelsaft

1 EL Apfelessig

Salz

Pfeffer

1 Prise Zucker

2 EL Olivenöl

1 EL gemischte Kräuter (TK)

Zubereitung

Zunächst den Sauermilchkäse in feine Streifen schneiden. Radieschen waschen, putzen und ebenfalls in kleine Scheiben schneiden.

Vom Chicorée die äußersten Blätter und den stiel entfernen und den Kolben in feine Ringe schneiden. Die Zwiebel ebenso in kleine Scheiben schneiden. Die Fleischwurst in Würfel schneiden. Die Rote Paprika zunächst abwaschen und folgend in feine Würfel schneiden.

Für das Dressing geben sie Senf, Essig, Apfelsaft und Gewürze in eine Schüssel und verrühren sie anschließend.

Schließlich sollen sie das Öl kräftig darunter rühren, ebenso wie die Kräuter.

Die vorbereiteten Zutaten zum Dressing geben.

Nährwertangabe für das Rezept

Kcal	Kohlenhydrate	Eiweiß	Fett
400	5 g	39 g	24 g

Keto Milchkaffee (2 Portionen)

Zutaten

50 g ungesalzene Butter

2 Teelöffel Kürbiskuchen Gewürz

2 - 4 Teelöffel Instant-Kaffeepulver

475 ml kochendes Wasser

Zubereitung

- Butter, Gewürze und Instantkaffee in eine tiefe Schüssel geben und mit einem Mixer vermischen. Alternativ können Sie auch die Zutaten direkt in das Glas eines Mixers geben.
- Fügen Sie das kochende Wasser hinzu und mischen Sie es für 20-30 Sekunden, bis sich ein feiner Schaum gebildet hat.
- In eine Tasse gießen und etwas Zimt oder Kürbisgewürz darüber streuen.
- Sofort servieren!
- Es ist noch leckerer mit einem Klecks geschlagener Sahne obenauf.

Übersicht pro Portion

Netto-Kohlenhydrate: 2% (1 g)
Faser: 1 g
Fett: 97% (23 g)
Protein: 1% (0,5 g)

kcal: 216

Pfannkuchen

Zutaten:

2 1/2 Tassen Mehl (universell)

2 1/2 Tassen Wasser

4 Esslöffel Zucker (Kristallzucker)

2 Esslöffel Rapsöl

4 Teelöffel Backpulver

1 Teelöffel Salz

Zubereitung:

In einer großen Schüssel die 2 1/2 Tassen Mehl, 4 EL Kristallzucker, 4 Teelöffel Backpulver und 1 Teelöffel Salz hinzufügen und mischen.

Fügen Sie langsam die 2 1/2 Tassen Wasser und 2 Esslöffel Rapsöl hinzu und unter Rühren Sie kaum mischen. Die klumpige Masse ist zu rechnen.

Erhitzen Sie mit ein kleines bisschen Canola-Öl auf mittlerer hoher Kopf einer großen Pfanne oder Bratpfanne.

Schöpflöffel Teig in die heißen Bratpfanne oder Pfanne und lassen Sie sitzen, bis die Ränder trocken geworden und Form in der Mitte sprudelt.

Schalten Sie sanft sie über die andere Seite bräunen. Mit Ahornsirup beträufelt servieren.

Zander in sahniger Kerbelsauce

Zutaten für 4 Portionen:
- [ ] 750 g Zanderfilet
- [ ] Saft von 1 Zitrone
- [ ] 2 Schalotten
- [ ] 4 EL gehackter Kerbel
- [ ] 5 EL Butter plus 50g Butter
- [ ] 125 ml Fischfond
- [ ] 125 ml Sahne
- [ ] 1 Möhre
- [ ] 1 Eigelb

Zubereitung:

Zanderfilet waschen und trocken tupfen.
In Stücke schneiden und mit dem Zitronensaft beträufeln.
Die Schalotten schälen und hacken.
Die Hälfte des Kerbels in 2 EL Butter glasig schmoren.
Fischfond und Sahne angießen und alles auf ein Drittel einkochen lassen.
Möhre putzen, schälen und in dünne Streifen schneiden.
Fischstücke in 3 EL heißer Butter von jeder Seite etwa 3 Minuten braten.
Möhrenstreifen mitschmoren.
Eigelb in die Kerbelsauce rühren und cremig schlagen.
Restliche Butter in Flöckchen unterrühren.
Abschmecken und mit restlichem Kerbel verfeinern.

Mit Fisch und Möhren servieren.

Lachs Käse Low Carb Pancakes

Zutaten:

PANCAKE TEIG
3 Eier
80 g Frischkäse

FÜLLUNG
40 g Frischkäse
85 g Räucherlachs

Zubereitung:

1. Eine Rührschüssel bereitstellen.

2. Eier in die Schüssel aufschlagen.
3. Frischkäse für den Teig (80 g) in die Schüssel zugeben.
4. Masse gut verrühren, bis der Teig cremig ist.
5. Pfanne auf dem Herd erhitzen.
6. Etwas Teig in die die heiße Pfanne geben und ausbacken.
7. Die Pancakes sollten goldbraun sein.
8. Weitere Schüssel bereitstellen.
9. Für die Füllung den restlichen Frischkäse (40 g) mit dem Lachs in die Schüssel geben.
10. Masse gut vermengen.
11. Die fertigen Pancakes mit der Lachs-Frischkäse-Mischung füllen und rollen.
12. Fertig ist der Pancake.
13. Nach Belieben mit etwas gehackter Petersilie garnieren.

2-Asia Rindfleischstreifen mit Salat

Zutaten

Rindersteaks á 180 g
100 g Baby Spinat
1 Möhre
½ rote Zwiebel
50 g Sprossen
1 rote Chilischote
1 EL Sesam
2 TL Kresse
1 EL Kokosöl
1 EL Teriyaki Sauce
1 EL Sojasauce
Salz
Weißer Pfeffer

Zubereitung

Kochzeit: ca. 20 - 25 Min.

Spinat mit Wasser abspülen, waschen und trocknen. Möhre schälen und in feine Stifte hobeln. Zwiebel schälen und in dünne Ringe schneiden. Sprossen waschen und im Sieb träufeln lassen. Chilischote halbieren und von den Kernen trennen. Danach in kleine Schnitte schneiden.

Rindfleisch waschen und trocken tupfen Kokosöl in der Pfanne erwärmen und Rindersteaks für zwei Minuten anbraten.

8-Chilischote, Teriyaki und Soja Sauce hinzugeben und Fleisch für 2 Minuten bei mittlerer Hitze noch einmal braten.

9-Steaks mit Salz und pfeffern abschmecken, aus der Pfanne nehmen, auf einen warmen Teller geben und mit Sesam verstreuen.

10-Fleisch mit einem zweiten Teller bedecken und für viele Minuten ruhen lassen.

11-Spinat auf zwei Teller verteilen, Gemüse und Sprossen darauf verteilen.

12-Steaks in Schnitten schneiden und auf den Salat geben. Danach die Kresse über das Fleisch streuen und anrichten.

Osterbrot

Zubereitungszeit: 60 Minuten

Zutaten für 1 Laib Brot

- 300 ml Mandelmilch
- 250 g Leinsamenmehl
- 125 g Mandelmehl
- 30 g Kokosmehl
- 4 große Bio-Eier
- 1 Pck. Trockenhefe
- 2 TL Meersalz
- 1 TL Zucker

Zubereitung

1. In der Küchenmaschine oder per Hand alle Zutaten zu einem Teig verkneten. Den Teig abgedeckt 1 Stunde an einem warmen Ort ruhen lassen.
2. Den Backofen auf 160°C Umluft vorheizen.
3. Auf einer bemehlten Arbeitsfläche den Teig nochmals durchkneten und einen Brotlaib formen.
4. Den Laib auf ein Backblech setzen und etwa 45-50 Minuten backen. Danach auskühlen lassen und ggf. mit einem Guss verzieren.

Tomate-Mozzarella auf knusprigem ketogenen Pizza-Teig

Zutaten für zwei Personen

Low Carb Pizza Teig

30 g Mandelmehl

35 g Leinsamenmehl

10 g Kokosmehl

2,5 g Flohsamenschalen

5 g Chia Samen

1/3 TL Salz

80 ml Wasser

Pizza Belag

40 g passierte Tomaten

100 g Mozzarella

100 g Tomaten

10 g Rucola

1 TL Basilikum, getrocknet

Pfeffer

Salz

Zubereitung

Pizza Teig

Zunächst stellst du die Zutaten für den Pizza-Teig zusammen

Dann gibst du Mandelmehl, Leinsamen, Kokosmehl, Flohsamenschalen, Chia Samen und Salz in eine Schüssel und gibst Wasser hinzu

Dies knetest du dann zu einem Teig und legst es anschließend für 30 Minuten in den Kühlschrank

Währenddessen heizt du den Backofen auf 180 °C Umluft vor

Danach formst du aus dem Teig eine oder mehrere Kugeln, je nach Bedarf

Jetzt legst du die Kugeln auf ein Backpapier, rollst diese dünn aus und formst einen Rand

Den Teig backst du dann ca.10 Minuten, bevor du ihn belegst

Pizza Belag

Anfangs schneidest du die Tomate in Scheiben, ebenso wie den Mozzarella

Dann verteilst du 40g passierte Tomaten auf dem Pizzaboden (je nach Bedarf noch mit Salz und Pfeffer würzen)

Anschließend verteilst du die Tomaten, den Mozzarella und den Rucola gleichmäßig auf der Pizza

Die Pizza nochmals 10 bis 15 Minuten im Ofen backen, bis der Boden knusprig ist

Zum Schluss kannst du die Pizza noch mit Basilikum verfeinern

Nährwertangabe für das Rezept

Kcal	Kohlenhydrate	Eiweiß	Fett
585	11 g	45 g	55 g

Keto Knoblauchbrot (20 Portionen)

Zutaten
Brot

150 g Mandelmehl

5 EL (40 g) gemahlenes Flohsamenschalen Pulver

2 TL (10 g) Backpulver

1 TL Meersalz

2 TL Apfelessig oder Weißweinessig

225 ml kochendes Wasser

3 Eier

Knoblauchbutter
110 g Butter bei Raumtemperatur

1 Knoblauchzehe, fein gehackt

2 EL frische Petersilie, fein gehackt

½ TL Salz

Zubereitung

- Den Ofen auf 175 ° C vorheizen. Die trockenen Zutaten in einer Schüssel vermischen.
- Das Mandelmehl, Flohsamenschalen, Meersalz und Backpulver in einer Schüssel vermischen. Danach Apfelessig oder Weißweinessig und die Eier

dazugeben. Mit dem Handmixer mischen und dabei Wasser dazu geben bis der Teig seine Konsistenz erreicht hat.

- Mit feuchten Händen 10 Brötchen formen und für 40-50 Minuten auf dem unteren Rost im Ofen stellen. Sie sind fertig, wenn Sie einen hohlen Ton hören, wenn Sie auf das Brötchen klopfen.
- Machen Sie die Knoblauchbutter, während das Brot im Ofen ist. Alle Zutaten vermischen und in den Kühlschrank stellen.
- Nach dem die Brötchen fertig sind und abgekühlt sind, mit dem Messer halbieren. Die Knoblauchbutter aus dem Kühlschrank nehmen und auf die Hälften streichen.
- Den Ofen auf 225 ° C stellen und legen Sie das Knobibrot für 5-10 Minuten, bis es goldbraun ist.

Übersicht pro Stück
Netto Kohlenhydrate: 3% (1 g)
Faser: 2 g
Fett: 88% (9 g)
Protein: 9% (2 g)
kcal: 92

Ei Muffin in einer Tasse Rezept

Zutaten:

- Große Eiern (ca. 6 Stück)
- Rasierte Türkei (Nitrat frei, rund 6 Scheiben)
- Rote Paprika (3 Esslöffel)
- Mozzarella Käse Light
- 1/3 Tasse Baby-Spinat
- 2 EL fein gehackte Zwiebeln
- Salz & Pfeffer nach Geschmack

Schritte:

1. Fetten Sie die Zinn/Muffinbackblech mit Oliven-Öl-spray

(2) drapieren Sie die Türkei-Scheiben auf die Muffinförmchen erstelle ich eine größere Tasse

(3) knacken Sie die Eizellen zu und fügen Sie sie auf die Türkei-cup

4. setzen Sie die Zwiebeln, Paprika, Spinat und Käse

5. Fügen Sie eine Prise Salz und Pfeffer und 1 Stück grundlegende Blatt

(6) 10-15 Minuten backen im Ofen

Indisches Low Carb Curry

Zutaten für 2 Portionen:

- ☐ 250 g Putengulasch aus der Keule
- ☐ 1 Zwiebel in kleine Würfel geschnitten
- ☐ 200 g Brokkoli in mundgerechte Röschen zerteilt
- ☐ 1 rote Paprika in Stücke geschnitten
- ☐ 2 Karotten in Streifen geschnitten
- ☐ 1 kleiner Butternut-Kürbis geschält, entkernt und in mundgerechte Stücke
- ☐ 200 g geschälte Tomaten aus der Dose (alternativ 400 g und etwas Tomatenmark)
- ☐ 75 ml Gemüsebrühe leicht überwürzt
- ☐ 75 ml Kokosmilch (ohne Zusatzstoffe)
- ☐ 1 Knoblauchzehe gepresst
- ☐ 1 EL frisch geriebener Ingwer
- ☐ 1 TL Kurkuma
- ☐ 1 TL Kreuzkümmelpulver
- ☐ 1 TL Korianderpulver
- ☐ 1 TL scharfes Chili-Pulver
- ☐ 1 EL Erythritol
- ☐ 1 EL Kokosöl
- ☐ Salz & Pfeffer

Zubereitung:

Erwärmen Sie das Kokosöl in einem großen Topf auf mittlere Hitze und dünsten Sie die Zwiebel glasig an.

Geben Sie die Gewürze hinzu und lassen alles kurz anrösten.

Erhöhen Sie nun die Hitze, fügen das Fleisch hinzu und lassen es kräftig anbraten.

Löschen Sie es anschließend mit den Tomaten und der Brühe ab und lassen alles für 45 Minuten köcheln.

Lassen Sie dabei etwas Dampf austreten, damit sich die Flüssigkeit etwas reduziert.

Im Anschluss an die Kochzeit fügen Sie das Erythritol hinzu und rühren es unter.

Nun geben Sie das Gemüse dazu und lassen es weitere 10-15 Minuten unter gelegentlichem Rühren köcheln.

Zum Schluss rühren Sie noch die Kokosmilch unter und schmecken alles mit Salz und Pfeffer ab.

Das Gemüse könne Sie natürlich nach eigenem Geschmack austauschen.

Thymian Hähnchen

Zutaten:

2 Hähnchenbrustfilets
½ Blumenkohl
1 **Fenchelknolle**
2 EL **Kokosöl** flüssig
2 EL Olivenöl
1 EL getrockneter **Thymian**
Salz

Zubereitung:

1. Backofen vorheizen auf 175 ° Umluft.
2. Auflaufform bereitstellen und leicht einfetten.
3. Blumenkohl waschen und in Röschen zerteilen.
4. Fenchel waschen, halbieren und in Streifen zerteilen.
5. Kohl und Fenchel in die Auflaufform geben.
6. Einen Topf auf dem Herd erwärmen.
7. Kokosöl im Topf schmelzen lassen.
8. Nun Thymian und das Meersalz gründlich vermischen.
9. Die Thymian Mischung nun zur Hälfte über das Gemüse streuen.
10. Das Gemüse sollte überall die Gewürz-Mischung abbekommen haben.

11. Mit dem Rest der Thymian-Mischung nun das Hähnchen vollständig einreiben.
12. Sodann das Hähnchen auf die Kohl-Fenchel-Mischung platzieren.
13. Die Auflaufform ca. daumenbreit mit Wasser füllen.
14. Die Form nun für ca. 25 Minuten in den Ofen geben.
15. Sollte das Gemüse zu dunkel werden, einfach ein wenig Alufolie darüber decken.
16. Sobald das Huhn und Gemüse fertig ist, herausnehmen und je ein Stück Huhn auf einen Teller geben.
17. Das Gemüse daneben geben.
18. Zum Abschluss noch jeweils 1 EL Olivenöl darüber gießen. Wahlweise kann auch etwas Zitronensaft darüber geträufelt werden.
19. Zum Dekorieren eignet sich gehackte Petersilie einfach ideal.

10-Thunfischsalat mit Kichererbsen und Rucola

Zutaten

200 g Rucola
100 g Kichererbsen, Dose
100 g Thunfisch, Dose
100 g Kirschtomaten
150 g Salatgurke
2 TL Kapern
Saft einer Limette
2 EL Olivenöl
1 TL Ingwer, frisch geriebenen
Muskat
Meersalz
Pfeffer

Zubereitung

Arbeitszeit: ca. 20 Min

Rucola abspülen in der Salatschleuder trocknen, Stiele der Ruccolablätter trennen und in gerechte Schnitten schneiden.
Kichererbsen mit kaltem Wasser abspülen und abträufeln lassen.
Die Thunfischdose zunächst nur ein kleines Stückchen

öffnen und die Flüssigkeit abgießen. Die Dose danach komplett öffnen, den Thunfisch mit der Gabel entnehmen und in einen Topf geben. Tomaten und Gurke waschen und in kleine Stücke schneiden.

Rucola, Kichererbsen, Tomaten und Gurke zum Thunfisch geben und danach Kapern, Ingwer, Olivenöl und etwas frischen Limettensaft hinzugeben. Alles mit geriebener Muskatnuss, Salz und Pfeffer abschmecken und vermischen, Thunfischsalat danach in zwei Teller geben und servieren

Lauwarmer Rosenkohl-Salat

Zubereitungszeit: 25 Minuten

Zutaten für 2 Portionen

- 275 g Rosenkohl
- Kümmel
- 60 g roher Schinken
- Meersalz, Pfeffer
- Olivenöl
- Weißweinessig

Zubereitung

1. Die äußeren Blätter vom Rosenkohl entfernen und den Kohl hauchdünn schneiden. Nun salzen und mit Kümmel würzen. Gut vermengen und etwa 30 Minuten durchziehen lassen.
2. Den Schinken fein würfeln und in einer Pfanne mit dem Öl kurz anbraten. Mit einem Schuss Essig ablöschen und salzen und pfeffern.
3. Den Herd abschalten und den Kohl in die Pfanne geben und mit dem Schinken vermengen.
4. Den Salat lauwarm servieren.

Keto Cobb Salat mit Ranch Dressing (2 Portionen)

Zutaten

2 Eier

150 g Speck

1 Grillhähnchen / 350 g Hähnchenbrust

50 g Blauschimmelkäse

1 Avocado

1 Tomate

225 g Eisbergsalat

1 EL frischer Schnittlauch (optional)

Prise Salz und Pfeffer

Ranch Dressing

3 EL Mayonnaise

2 TL gehackte Petersilie

1 ½ TL Dillspitzen

2 TL Knoblauchpulver

2 TL Zwiebelpulver

1 TL Schnittlauch

2 - 3 EL Wasser

Prise Salz und Pfeffer

Zubereitung

- Für Dressing Mayonnaise, Gewürze und Wasser mit Salz und Pfeffer in einer Schüssel vermischen. Kurz Abschmecken und ggf. nachwürzen und beiseite stellen.
- Legen Sie die Eier in kochendes Wasser für 8-10 Minuten. Im kalten Wasser abkühlen, um das Pellen der Eier zu erleichtern. Danach in die Eier vierteln.
- Speck in einer heißen Pfanne knusprig anbraten.
- Das gegrillte Hähnchen in kleinere Stücke schneiden. Das Gemüse klein hacken.

➢ **Tipp:** Wenn Sie mit rohem Huhn anfangen, braten Sie es im Speckfett, und würzen Sie mit Salz und Pfeffer.

- Den Blauschimmelkäse zerbröseln. Den Salat waschen und in Mundgerechte Stücke schneiden. Den Schnittlauch ebenfalls waschen und fein hacken. Alles in eine Schüssel geben und mit dem Dressing anmachen. Danach auf die Teller geben und mit den Hähnchen Streifen und dem gehacktem Schnittlauch garnieren.

Übersicht pro Portion
Netto Kohlenhydrate: 3% (8 g)

Faser: 9 g
Fett: 77% (108 g)
Protein: 20% (65 g)
kcal: 1284

Cajun gewürzt Blumenkohl Hash

Zutaten:

- 2 EL Olivenöl oder ghee
- 1lb gedämpft und gehackt Blumenkohl
- 1/2 Zwiebel
- 2 EL gehackter Knoblauch
- 1 TL Cajun-Gewürz
- 1/2 grüne Paprika
- 8oz rasiert rot pastrami

Schritte:

1. Braten "Ihre gehackten Zwiebeln in Ghee oder Olivenöl 5 Minuten bei mittlerer Hitze. Dann den Knoblauch hinzugeben und weitere zwei Minuten braten.

2. Fügen Sie gedämpft und gehacktem Blumenkohl und fügen Sie es in die Pfanne geben und kochen für ca. 10 Minuten, bis es leicht braun ist. Würzen Sie die Cajun. Mischen Sie gut.

3 grüne Paprika und gehackte Pastrami hinzufügen.

(4) werfen und für weitere 5 Minuten kochen lassen. Transfer in eine Schüssel geben. Top es mit einem sunny-Side-Up Ei bestreichen und mit mehr Cajun-Gewürz.

Zander mit Rucola und Kapern

Zutaten für 4 Portionen:
- ☐ 4 Zanderfilets
- ☐ Salz
- ☐ Pfeffer
- ☐ 3 EL Zitronensaft
- ☐ 75 g Butter
- ☐ 1 Knoblauchzehe
- ☐ 1 EL Kapern aus dem Glas
- ☐ 1 Bund Rucola
- ☐ 2 EL Fischfond
- ☐ Cayennepfeffer

Zubereitung:

1. Zanderfilets waschen, trocken tupfen, mit Salz und Pfeffer würzen und mit 2 EL Zitronensaft beträufeln.
2. Butter erhitzen, Knoblauchzehe schälen und hacken, die Kapern abtropfen lassen, Rucola waschen, putzen, trockenschleudern und hacken.
3. Alles zur Butter geben und so lange dünsten, bis der Rucola zusammenfällt.
4. Mit dem Fischfond und dem restlichen Zitronensaft ablöschen und mit Salz, Pfeffer und Cayennepfeffer würzen.
5. Die Fischfilets darauflegen und von jeder Seite etwa 3 Minuten garen.
6. Mit Rucola und der Kapernbutter servieren.

Fisch in Senfhülle

Zutaten:

Salat:
75 g Babyleafsalat
1 EL mittelscharfer Senf
½ TL **Zitronensaft**
<u>1 EL **heller** Balsamico-Essig</u>
2 EL **Rapsöl**
   Salz und **Pfeffer**

Fisch:
375 g Fischfilet (z. B. Rotbarsch- oder Kabeljaufilet)
1 Ei
2 ½ EL **Mehl**
50 g Semmelbrösel

Zubereitung:
1. Salat waschen und putzen.
2. In mundgerechte Stücke teilen und in eine Schüssel geben.
3. Für das Dressing das Öl zusammen mit dem Zitronensaft und dem Balsamico sowie dem Senf in ein kleines Gefäß geben und gründlich vermischen.
4. Danach mit etwas Salz und Pfeffer abschmecken.
5. Nun das Dressing über den Salat geben und gut vermengen.

6. Den Fisch zunächst waschen und trocknen.
7. Nun wird der Fisch in 2 Teile unterteilt.
8. Mit Salz und Pfeffer etwas würzen.
9. In einer flachen Schale das Ei zusammen mit dem Senf verquirlen.
10. Nun den Fisch zunächst von beiden Seiten im Mehl wenden.
11. Danach den Fisch in die Ei-Senf-Mischung legen und wenden.
12. Sodann wird der Fisch noch in den Semmelbröseln gewendet.
13. Pfanne mit Öl auf dem Herd erhitzen.
14. Fisch in die heiße Pfanne geben.
15. Den Fisch ca. 4 Minuten auf jeder Seite goldbraun braten.
16. Zum Servieren den Fisch auf einen Teller geben und den Salat daneben platzieren.

Keto Frittata mit Käse und Pilzen (4 Portionen)

Zutaten

Frittata
450 g Pilze

90 g Butter

6 Frühlingszwiebeln

1 EL frische Petersilie

1 TL Salz

½ TL gemahlener schwarzer Pfeffer

10 Eier

225 g (475 ml) geriebener Käse

240 ml Mayonnaise

110 g Blattgemüse

Dressing
4 EL Olivenöl

1 EL Weißweinessig

½ TL Salz

¼ TL gemahlener schwarzer Pfeffer

Zubereitung

- Den Ofen auf 175 ° C vorheizen. Zuerst das Dressing vorbereiten und beiseite stellen.
- Schneiden Sie die Pilze nach Belieben, klein oder groß.
- Die Champignons auf mittlerer Hitze mit dem größten Teil der Butter goldbraun anbraten. Senken Sie die Hitze. Sparen Sie etwas Butter zum Einfetten der Auflaufform.
- Die Schalotten klein hacken und mit den gebratenen Champignons vermischen. Mit Salz und Pfeffer abschmecken und die Petersilie unterrühren.
- Mischen Sie Eier, Mayonnaise und Käse in einer separaten Schüssel. Mit Salz und Pfeffer abschmecken.
- Die Champignons und Schalotten dazugeben und alles in eine gut gefettete Auflaufform geben. Für 30-40 Minuten backen oder bis die Frittata goldbraun ist.
- 5 Minuten abkühlen lassen und mit Blattgemüse und Vinaigrette servieren.

Übersicht pro Portion
Netto Kohlenhydrate: 2% (6 g)
Faser: 2 g
Fett: 86% (101 g)
Protein: 12% (32 g)
kcal: 1061

Grüner Smoothie

1 Portionen

Vorbereitung 5 Minuten

Zubereitung 5 Minuten

1 ½ Äpfel

2/3 Banane

10 Blätter Babyspinat

1/4 g Birne

1 Blatt Grünkohl

1 Scheibe Inger

Messerspitze Matcha

1. Alle Früchte schälen und in Stücke schneiden
2. Alles im Mixer pürieren.
3. Am frisch und mit Eiswürfel servieren!

Balsamico ketogene Zoodle Erdbeersalat

Zutaten: **für den Salat:**

- 1 Tasse Zucchini Nudeln
- 1 geschnittene Erdbeeren
- 1 El herbed Ziegenkäse, die zerfallen ist
- 1 Esslöffel Pistazien

Zutaten: **für das Dressing:**

- 4 Erdbeeren
- 2 El hochwertiger Balsamico-Essig
- 2 El Avocado-Öl
- 1/2 TL gehackter Knoblauch
- 1/8 TL Salz
- 1/8 TL frisch geknackt Pfeffer

Schritte:

1. werfen Sie den Salat Zutaten: zusammen in eine Schüssel geben.

2. Wischen Sie das Dressing Zutaten: zusammen cremig in der Konsistenz.

3. in das Dressing zum Salat mischen. Genießen.

Jalapeno & Chicken Dip

Für 8 Personen

Zutaten: ½ Tasse Wasser, ½ Tasse Paniermehl, ¾ Tasse saure Sahne, 220gr Cheddar-Käse, 3 Jalapenos in Scheiben geschnitten, 220gr Frischkäse, 500gr. Hähnchenbrust

Zubereitung:
1. Das Fleisch, Frischkäse, Jalapenos und Wasser in den Instant-Topf geben.
2. Wählen Sie Manuell Hochdruck für 12 Minuten.
3. Lassen Sie den Druck schnell entweichen, dann zerkleinern Sie das Huhn. Sauerrahm und 170gr Cheddarkäse zusammen einrühren.
4. In eine Auflaufform geben und die Mischung mit dem restlichen Käse auffüllen. Setzen Sie den Bratrost für ungefähr 2 bis 3 Minuten ein, dann servieren.

Nährwertangaben pro Portion: Kalorien 295,2, Fett 24,8gr, Kohlenhydrate 6,5gr, Protein 12,7gr

Selbstgemachte Schokocreme

Arbeitszeit: ca. 5 Min. Arbeitszeit Pro Portion (20 g): ca. 4 g Fett, ca. 1 g Eiweiß, ca. 2 g Kohlenhydrate

Zutaten (ca. 80 g)
½ reife mittelgroße Avocado
1 EL Sahne
1 EL schwach entöltes Kakaopulver

Zubereitung
Halbieren Sie die weiche Avocado und geben Sie die eine Hälfte in den Kühlschrank, in einem geschlossenen Gefäß und mit Kern. Schnellstmöglich anderweitig aufbrauchen.

Das Fruchtfleisch der anderen Hälfte entnehmen Sie der Schale und geben es in eine kleine Schüssel. Dort geben Sie die restlichen Zutaten hinzu und vermischen alles zu einer glatten Masse.

Guten Appetit!

ketogener russischer Zupfkuchen

(Backofen auf 150 Grad vorheizen)

25 g Vanillepulver

1 Teelöffel Backpulver

100 g Quark (40 % Fett)

250 g Mascarpone

5 g Backkakao

75 g Sojamehl

2 Eier

Den Teelöffel Backpulver und das Vanillearoma vermengen und 1/3 des Teiges in eine gefettete Backform geben, Sojamehl, denTeelöffel Backpulver, 5 g Backkakao, 1 Ei und Kaffeearoma vermengen und den Teig zerbröseln, die Hälfte der Brösel auf den hellen Teig in der Backform verteilen, den restlichen hellen Teig drüber gießen und den Rest Brösel darauf verteilen, für ca. 40 min. in den Ofen

Lasagne zum Frühstück

12 Portionen

Zutaten:

20 Eier

400 g grobe Bratwurst

400 g Frischkäse

50 g Butter

350 ml Rinderbrühe

100 g Kochschinken

100 g Speck

125 g Parmesan

125 g Mozzarella

etwas Salz und Pfeffer

1. Zur Vorbereitung wird der Backofen auf 160°C vorgeheizt. Währenddessen ein Stück Butter in einer Pfanne zergehen lassen.

2. Die Eier aufschlagen und in einem großen Gefäß alle Eigelb und Eiweiß verquirlen. Die Hälfte der Eimasse in die Pfanne geben und stocken lassen. Mit einer Prise Salz und etwas Pfeffer würzen und dann kurz anbraten. Dann das Omelett entnehmen und aus der

verbleibenden Eimasse ein weiteres Omelett zubereiten.

3. Die Bratwürste aus der Pelle löse und in einer Pfanne anbraten. Dann den Frischkäse und die Brühe einfügen und als Sauce für etwa 2 Minuten weiterköcheln, damit sie dickflüssig wird. Die Sauce mit Gewürzen abschmecken.

4. Eine Auflaufform einfetten und eines der Omeletts einlegen. Dann etwas von der Bratwurstsauce darüber verteilen und mit Kochschinken belegen. Das zweite Omelett darauf schichten und mit dem Saucenrest bestreichen. Den Speck dazugeben und zum Schluss alles mit Mozzarella bedecken.

5. Den Parmesan mit einer Reibe zerkleinern und die Lasagne damit bestreuen. Alles für 30 Minuten bei einer Temperatur von 160°C backen – fertig!

Wolkenbrot

Zutaten:

1 Wolken Brot
1 TL**Mayonnaise**
2 Scheiben Bacon
100 g Hühnerfleisch
2 Scheiben Cheddar Käse
2 Rispentomaten
¼ Avocado
Tabasco

Zubereitung:

1. Pfanne mit etwas Öl auf dem Herd erhitzen.
2. Huhn sowie den Bacon in die heiße Pfanne geben.
3. Von beiden Seiten schön anbraten.
4. Mit Salz und Pfeffer würzen.
5. Dann aus der Pfanne nehmen und abkühlen lassen.
6. Mixer bereitstellen.
7. Avocado zerteilen und Kern entfernen.
8. Nun das Fruchtfleisch herauslöffeln und in den Mixer geben.
9. Alles gut pürieren.
10. Das Wolken Brot in der Länge durchschneiden.
11. Innenseiten mit Mayo bestreichen.
12. Wer es gern scharf mag, kann noch etwas Tabasco auf die Mayo träufeln.
13. Nun das Huhn auf das Sandwich legen.

14. Das Huhn dann mit dem Bacon bedecken.
15. Anschließend den Käse darauf legen.
16. Als Abschluss kommen Tomatenscheiben darauf.
17. Zum Schluss dann die pürierte Avocadomasse in das Sandwisch füllen und servieren.

Spanische Tortilla

Normalerweise enthält so eine spanische Tortilla ja Kartoffeln und passt damit so gar nicht zur ketogenen Ernährung. Das geht allerdings auch anders, wie dieses Rezept zeigt.

Zutaten:

- 1 kleine Zwiebel
- 1 bis 2 Knoblauchzehen
- 6 mittelgroße bis große Eier
- 50 Gramm geriebener Käse (zum Beispiel Gouda)
- 150 Gramm Spinat (kann auch etwas mehr sein)
- Salz und Pfeffer

Zubereitung:

1. Zwiebel und Knoblauch schälen, klein hacken und in einer großzügigen Portion Olivenöl in einer kleinen Pfanne anbraten.
2. Jetzt kommt der Spinat dazu und wird ebenfalls kurz angebraten. Mit Salz und Pfeffer würzen. Sehr gut schmecken dazu übrigens auch mediterrane Kräuter wie Thymian!

3. Nun kommen die Eier und der Käse dazu. Das ganze ziehen lassen und nach einigen Minuten mit Hilfe von einem ausreichend großen Teller drehen.

Chinesische Suppe

Zubereitungszeit: 45 Minuten

Zutaten für 2 Portionen

- 350 g Hähnchenbrustfilet
- 2 EL Sojasoße
- 60 g Karotten
- 1 Knoblauchzehe
- 50 g Lauchzwiebeln
- 100 g Chinakohl
- 6 g Koriander
- 1 Zitrone
- ½ l Hühnerbrühe
- 1 EL Fischsoße
- 2 TL Ingwerpulver
  - Meersalz, Chiliflocken

Zubereitung

1. Das Fleisch in dünne Streifen schneiden, mit Sojasoße vermischen und marinieren lassen. Die Karotten klein stifteln. Den Knoblauch schälen und hacken. Die Lauchzwiebeln klein schneiden. Den

Chinakohl zerkleinern. Den Koriander fein hacken. Die Zitrone in Scheiben schneiden.
2. Nun etwas MCT-Öl in einer Pfanne erhitzen und Lauchzwiebeln und Knoblauch anschwitzen. Dann herausnehmen und zur Seite stellen.
3. In einem Topf das Fleisch anbraten und bei geringer Hitze fertig garen lassen.
4. Mit Brühe ablöschen, Fischsoße, Ingwer und Salz einrühren. Dann das Gemüse dazufügen und etwa 15 Minuten köcheln lassen.
5. Die Chiliflocken und Koriander einrühren. Dann das Fleisch auf Teller verteilen und die Suppe darüber geben. Mit Zitronenscheiben verfeinern und servieren.

Keto Hähnchen Frikadelle mit Tomatenbutter (4 Portionen)

Zutaten

Hühnchen-Frikadelle

600 g gemahlenes Hähnchen oder Putenhackfleisch

1 Ei

½ gelbe Zwiebel, gerieben oder fein gehackt

1 TL Meersalz

½ TL schwarzer Pfeffer

1 TL getrockneter Thymian oder zerdrückter Koriandersamen

50 g Butter zum Braten

Gebratener Kohl

650 g Grünkohl

75 g Butter

1 TL Salz

½ TL gemahlener schwarzer Pfeffer

Tomatenbutter

110 g Butter

1 EL Tomatenmark

1 TL Rotweinessig

Meersalz und Pfeffer nach Geschmack

Zubereitung

- Den Ofen auf 100 °C vorheizen. Mischen Sie alle Zutaten für die Frikadellen in einer Schüssel.
- 6 oder 8 Frikadellen formen und in Butter bei mittlerer Hitze braten, bis sie goldbraun und vollständig durchgegart sind.
- In den Ofen stellen, um sie warm zu halten.
- Den Kohl mit einem Messer klein schneiden. Braten Sie den Kohl in Butter bei mittlerer Hitze, bis er an den Rändern braun ist. Mit Salz und Pfeffer würzen. Verringern Sie die Hitze gegen Ende.
- Alle Zutaten für die Tomatenbutter in eine kleine Schüssel geben und mit einem Handmixer verrühren. Die Frikadellen und den gebratenen Kohl anrichten und einen Klecks Tomatenbutter darauf geben.

Übersicht pro Portion
Netto Kohlenhydrate: 4% (8 g)
Faser: 5 g
Fett: 79% (65 g)
Protein: 17% (31 g)
kcal: 743

Keto-Hotdogs

Zutaten:

120 ml (60 g) Mandelmehl

4 EL (30 g) Kokosnußmehl

½ TL Salz

1 TL (5 g) Backpulver

75 g Butter

360 g geschredderter Käse

1 Ei

450 g Würstchen von guter Qualität (Wienerle)

1 Ei, um den Teig zu bepinseln

Zubereitung:

Den Ofen auf 175 ° C vorheizen. Mandelmehl, Kokosmehl und das Backpulver in einer Schüssel vermischen. Butter und Käse in einer Pfanne bei schwacher Hitze schmelzen. Mit einem Holzlöffel gründlich alles verrühren zu einem glatten und flexiblen Teig. Es wird ein einige Minuten dauern. Von der Hitze nehmen. Das Ei aufschlagen und in die Mehlmischung dazu geben und zu einem fest Teig vermischen. Zu einem Rechteck von ca. 20 × 35 cm flachdrücken. In 8 lange Streifen schneiden, ca. 1,5-2 cm. Die Teigstreifen um die Würstchen wickeln und mit einem verquirlten Ei bepinseln. Auf ein mit Pergamentpapier ausgelegtes Backblech legen und 15-20 Minuten backen , bis der Teig goldbraun ist. Der Hot Dog wird bis dahin auch erledigt sein.

Keto-Pfannkuchen mit Beeren und Schlagsahne

Nährwerte:

Kohlenhydrate: 5 g
Fett: 39 g
Protein: 13 g
kcal: 425
Vorbereitungszeit:

5 Minuten

Kochzeit:
20 Minuten

Zutaten:

(1 Person)
2 EL frische Himbeeren oder frische Blaubeeren oder frische Erdbeeren
¼ Tasse schwere Schlagsahne
1 Ei
30 g Hüttenkäse
¼ EL gemahlenes Psylliumschalenpulver
15 g Butter oder Kokosnussöl

Zubereitung:

1.) Eier, Hüttenkäse und Psylliumschale in eine mittelgroße Schüssel geben und mischen. Lassen Sie alles für 5-10 Minuten etwas andicken.

2.) Butter oder Öl in einer Antihaftpfanne erhitzen. Braten Sie die Pfannkuchen bei mittlerer Hitze auf jeder Seite für 3–4 Minuten. Machen Sie sie nicht zu groß, sonst lassen sie sich nur schwer wenden.

3.) Sahne in eine separate Schüssel geben und so lange schlagen, bis sich weiche Spitzen bilden.

4.) Servieren Sie die Pfannkuchen mit Schlagsahne und Beeren Ihrer Wahl.

Grüner Kokos Protein- Smoothie (Vegan)

409 Kcal | 10g Kohlenhydrate | 27g Eiweiß | 29g Fett

Zutaten für 1 Portion:

1 Tasse Spinat
1/2 Avocado
1 Portion Vanilleproteinpulver
1/2 Tasse Kokosmilch
1 EL Chiasamen

Zubereitung:

1. Die Kokosmilch in den Mixer geben.

2. Die halbe Avocado, den Spinat, die Chiasamen und das Proteinpulver hinzugeben.

3. Jetzt den Mixer einschalten. Fange mit niedriger Geschwindigkeit an und erhöhe nach Bedarf. Füge etwas Wasser hinzu, wenn du den Smoothie etwas flüssiger bevorzugst.

4. Sobald er eine gleichmäßig sämige Konsistenz hat, den Smoothie in ein Glas füllen.

Chili mit Auberginen (Vegetarisch)

2 Portionen

Vorbereitung 20 Minuten

Zubereitung 25 Minuten

100 g Sojageschnetzeltes (fein)

Gemüsebrühe zum Einweichen

2 große Möhren

1 große Gemüsezwiebel

3 Knoblauchzehen

1 Paprikaschote

2 EL Olivenöl (plus Olivenöl zum Beträufeln)

2 TL Harissa

2 EL Curry

2 EL Tomatenmark

1 kleine Dose Kidneybohnen

1 Aubergine

Salz

1 große Dose Tomaten

Saft von einer halben Zitrone

1. Sojageschnetzeltes nach Packungsangabe in Brühe einweichen. Möhren, Zwiebel und Knoblauch schälen und in Würfel schneiden. Paprika putzen und ebenfalls in Würfel schneiden.

2. Öl in einem großen, ofenfesten Bräter erhitzen, Harissa, Curry und Tomatenmark zugeben und mit dem Öl anbraten. Gemüse zugeben und mitbraten. Dann Sojageschnetzteltes mit Brühe dazugeben und unter Rühren weiterbraten, bis die Flüssigkeit verdampft ist. Backofen auf 200 Grad vorheizen.

3. Kidneybohnen abgießen, abspülen, in den Bräter geben. Aubergine waschen und in dicke Scheiben schneiden. Dosentomaten in der Dose etwas zerschneiden, die Hälfte in den Bräter geben. Gemüsemischung mit den Auberginenscheiben abdecken. Salzen, mit Curry bestäuben. Zitronensaft und Olivenöl darüber träufeln. Mit dem Rest der Dosentomaten bedecken.

4. So viel Wasser zufügen, dass der Boden der Form gut bedeckt ist. Bei 200 Grad im Backofen 45–50 Minuten garen. Die Auberginenscheiben sollten zart und gar sein. Lecker dazu: Maistortilla-Chips und Avocado.

Ketogene Quiche

Zutaten:

- 1 Rezept Keto Tortenboden
- 350g Schweinefilet gewürfelt
- 6 große Scheiben Speck, milde
- 4 große Eiern aus Freilandhaltung oder Bio
- 2 Knoblauchzehen, zerdrückt
- ½ Tasse Vollmilch mit Frischkäse
- 1 Tasse Cheddar-Käse,
- 1 mittelgroße rote Zwiebel
- ¼ Tasse frisch gehackter Schnittlauch oder Frühlingszwiebeln
- 2 El Ghee oder Schmalz
- frisch gemahlener schwarzer Pfeffer

Schritte:

1. bereiten Sie den Tortenboden Keto. 12-15 Minuten über 400F im Ofen backen.

2. Kochen Sie den Knoblauch und die Zwiebel mit 2 Esslöffel Ghee für ca. 5 Minuten. Fügen Sie die in Scheiben geschnittenen Speck knusprig und kochen für weitere 5 Minuten. Die Schweinelende dazugeben Sie und bei mittlerer Hitze anbräunen.

3 verrühren Sie den Frischkäse und den Eiern. Mit Salz und Pfeffer würzen. Fügen Sie eine großzügige Menge von Cheddar-Käse. Fügen Sie die gehackte Frühlingszwiebeln. Mischen Sie gut.

4. Legen Sie das gekochte Schweinefleisch in der Erdkruste und in die Ei-Mischung gießen. Gleichmäßig mit einem Holzspatel.

5. 25 Minuten kochen. Vor dem servieren 5 Minuten ruhen lassen.

Lamm Curry

Für 6 Personen

Zutaten: 1 mittelgroße Zucchini gewürfelt, 3 mittelgroße Karotten in Scheiben geschnitten, 1 mittelgroße Zwiebel gewürfelt, 1 ½ Esslöffel gelbes Currypulver, 1 gewürfelte Tomaten, 1 Esslöffel schwarzem Pfeffer + nach Geschmack, ¼ Teelöffel Meersalz + nach Geschmack, Saft von ½ Limette, ½ Tasse Kokosmilch, ein kleines Stück frischer Ingwer gerieben, 4 Knoblauchzehen gehackt, 750gr gewürfelter Lamm (Gulasch), ¾ TL Kurkuma.

Zubereitung:
1. Kokosnussmilch, Fleisch, geriebenen Ingwer, gehackten Knoblauch, Pfeffer, Salz und Limettensaft in einem Behälter mischen und das Fleisch ca. 30-60 Minuten einziehen lassen. 2. Sobald Sie fertig sind, mischen Sie das marinierte Fleisch mit den Tomaten und deren Saft, Currypulver, Karotten und Zwiebeln im Instant-Topf.

3. Verriegeln und sichern Sie den Deckel und stellen Sie es auf Manuell ein. Für ca. 20 Minuten kochen lassen.
4. Lassen Sie den Druck nach 20 Minuten natürlich für ca. 15 Minuten entweischen. Geben Sie den restlichen Dampf frei, indem Sie den Dampfauslösegriff auf "Entlüften" drehen.
5. Öffne den Deckel und stellen Sie den auf braten ein. Dann die gewürfelten Zucchinis dazu geben und für 5-6 Minuten köcheln lassen oder bis die Soße leicht angedickt ist und die Zucchini zart ist.
6. Servieren Sie das Lammcurry mit Blumenkohlreis garniert mit gehacktem Koriander.

Nährwertangaben pro Portion: Kalorien: 230, Fett: 9gr, Kohlenhydrate: 11gr, Protein: 25gr

Garnelen und Avocado an Curry – Frischkäse – Sauce

Arbeitszeit: ca. 20 Min.
ca. 56 g Fett, ca. 29 g Eiweiß, ca. 6,5 g Kohlenhydrate

Zutaten (1 Person)
40 g Natur – Frischkäse (Doppelrahm)
100 g TK – Garnelen
100 Fruchtfleisch einer Avocado (bissfest)
100 g Cherrytomaten
15 g gehackte Walnüsse
2 TL frisch gepresster Limettensaft
1 EL Olivenöl
1 TL Curry – Pulver
½ TL Erythrit
2 TL frischer Dill (gehackt)
1 EL Butter
Salz
Pfeffer

Zubereitung
Gleich zu Beginn bereiten Sie einfach schon die Sauce vor. Dazu vermengen Sie einfach folgende Zutaten in einer Schüssel miteinander: Frischkäse, Limettensaft, Olivenöl, Curry, Erythrit und Dill. Dann mit Salz und Pfeffer abschmecken.

Nun das Fruchtfleisch der Avocado in mundgerechte Würfel schneiden und in einen tiefen Teller geben.
Geben Sie die, vorher gewaschenen, Cherrytomaten und die Walnüsse hinzu.
Der nächste Schritt wäre das Garen der Garnelen.
Dafür diese in eine Pfanne mit der Butter geben und von beiden Seiten goldbraun braten. Dann einfach auf Avocado und Tomaten verteilen.
Oben drüber geben Sie anschließend die Sauce, welche Sie nach Bedarf vorher gern in der Mikrowelle erwärmen können, wenn Sie möchten.

Guten Appetit!

www.ingramcontent.com/pod-product-compliance
Lightning Source LLC
Chambersburg PA
CBHW071451070526
44578CB00001B/310